Wasserstoff bremst den Klimawandel

-

Entwicklung

und

Zukunftsperspektiven

von

Kurt Olzog

Wasserstoff bremst den Klimawandel

-

Entwicklung
und
Zukunftsperspektiven

Autor: Kurt Olzog

Die Werke des Autors „Energiewende im Klimawandel",
„Der Mond – Rohstoffquelle und Weltraumbasis",
„Globalisierung der Politik – Geschichte und Zukunfts-
perspektiven", „Bevölkerungsexplosion und Ressourcen-
verbrauch", „Gletscherschmelze und Meeresspiegel" und
„Ausbau der Wasserstoffwirtschaft" sind inzwischen
herausgekommen, das erste in mehreren Sprachen. Nun
nimmt der Autor sich des Themas „Wasserstoff bremst den
Klimawandel" an und beleuchtet die Entwicklung der
Möglichkeiten, die fossilen Rohstoffe völlig durch
Wasserstoff zu ersetzen.

Bibliografische Information der Deutschen Nationalbibliothek:

Die Deutsche Nationalbibliothek verzeichnet diese Publikation in der Deutschen Nationalbiographie; detaillierte bibliografische Daten sind im Internet über dnb.d-nb.de abrufbar.

TWENTYSIX – Der Self-Publishing-Verlag

Eine Kooperation zwischen der Verlagsgruppe Random House und BoD – Books on Demand

Herstellung und Verlag:

BoD – Books on Demand, Norderstedt

ISBN: 9783740780302

Inhalt

1. Sonnenenergie, ein Geschenk der Natur

Ohne ein gewisses Maß an Treibhausgasen läge die bodennahe Weltmitteltemperatur bei -18 Grad Celsius, so dass ein großer Teil des Globus vereist wäre. Als sich vor vier Milliarden Jahren die Erde allmählich abkühlte, entwickelte sich eine Atmosphäre mit hohem Methangehalt, hervorgerufen durch den damals sehr verbreiteten Vulkanismus.

In diese Zeit fiel auch die Kollision der Erde mit einem etwa Mars-großen Planeten oder mehreren Teilen davon, aus der sich der Erdmond bildete:

Das obige Bild stammt aus einem Beitrag von G. Jeffrey Taylor: „Ursprung und Entwicklung des Mondes", erschienen in der Zeitschrift Spektrum der Wissenschaft, September 1994, Seiten 59-61.[1]

In der Folge dieses bisher größten Einschlags konnte die Erde sich wieder erholen. Es gab immer wieder Einschläge von größeren oder kleineren Asteroiden. Häufig verband sich Sauerstoff aus dem Gestein mit dem brennbaren Methan (CH_4)[2], so dass sich Wasser und Kohlenstoffdioxid bilden konnte. Während der Abkühlphase konnte immer häufiger Wasser aus dem Wasserdampf der Atmosphäre abregnen und dadurch kühlende Gewässer bilden.

Es bildeten sich Aminosäuren in den Gewässern, deren Ursprünge durchaus von Asteroiden stammen können. Daran forscht zur Zeit die Wissenschaft. Der Weg zum ersten einzelligen Lebewesen war wohl noch etliche Millionen Jahre weit.

Irgendwann gab es Einzeller, die Chlorophyll nutzten, um mit Hilfe der Sonnenenergie Kohlenstoffdioxid, kurz Kohlendioxid oder CO_2, zu verwerten und Sauerstoff, kurz O_2, abzugeben, und andere Einzeller, die O_2 zur Energieerzeugung nutzten und CO_2 abgaben. Ein Kreislauf bahnte sich an. Es entstanden verbundene Zellen, die zusammenarbeiteten, woraus mehrzellige Lebewesen wurden.

---

1   Taylor, G. Jeffrey: Ursprung und Entwicklung des Mondes. In: Spektrum der Wissenschaft, September 1994, S. 59-61. Vgl. dazu: Olzog, Kurt: Der Mond – Rohstoffquelle und Weltraumbasis. Kapitel 2: Die Entstehung des Mondes, S. 17-38.

2   Olzog, Kurt: Ausbau der Wasserstoffwirtschaft. Norderstedt 2020, S. 61.

Die Mehrzeller schieden sich in CO_2-Atmer wie beispielsweise Algen und Pflanzen, und O_2-Atmer, wie einfache Polypen. Dazwischen siedelten sich Pilzartige an, die in Symbiose mit CO_2-Atmern lebten.

In geologischen Zeiträumen eroberten Pflanzen und Tiere neben den Ozeanen auch das Festland. Im Archaikum und Proterozoikum ging die Entwicklung nur sehr schleppend voran. Es dauerte bis zum Kambrium, das vor 570 Millionen Jahren begann, bis die ersten Trilobiten auftauchten, später kamen kieferlose Fische hinzu, die Schwebstoffe aus dem Wasser filterten. Im Silur, vor 438 Millionen Jahren, gab es dann die ersten kiefertragenden Fische, und im darauffolgenden Devon und Karbon entwickelten sich Bärlapp- und Farngewächse und Koniferen in solchem Ausmaß, dass wir von der Steinkohle und dem Erdöl, die die Sonnenenergie uns damals besorgt hat, seit der Industriellen Revolution zehren können.

Es gab damals auch schon Eiszeiten, kurz vor dem Silur und im Karbon und Perm, in denen die damals üppige Biomasse unter einem Eismantel verdichtet und teilweise verflüssigt wurde. Das ist seit dem 19. Jahrhundert unser Reichtum an fossilen Energierohstoffen.[3]

Der Meeresspiegel schwankte über die Jahrmillionen sehr stark, abhängig von der Temperaturentwicklung beziehungsweise der Vereisung des Planeten. Die Schwankungen der Erdmittel-

---

3   Olzog, Kurt: Bevölkerungsexplosion und Ressourcenverbrauch. Norderstedt 2019, S. 60ff. Vgl. auch: Brunotte, Ernst u. a.(Hg.): Lexikon der Geographie. Heidelberg Berlin 2002, im Band 2 inliegend: Geologische Zeittafel.

temperatur vollzog sich allerdings nur allmählich, außer bei Ereignissen wie zwischen dem Mesozoikum und dem Känozoikum, als ein Meteor die Erde traf und in der Folge viele Lebewesen einschließlich der Dinosaurier ausstarben.

Es entstand neues, widerstandsfähigeres Leben. Entsprechend blieb der Kreislauf der CO_2-Moleküle erhalten. Mit Hilfe des Sonnenlichts und von Wasser nahmen die Pflanzen CO_2 auf und bauten Kohlenwasserstoffe in die wachsenden Fasern ein. Übrig blieb der Sauerstoff als O_2-Molekül und diente den Tieren zur Atmung. Im organischen Kohlenstoffzyklus entfernen Landpflanzen „durch Fotosynthese jährlich 60 Milliarden Tonnen Kohlenstoff aus der Atmosphäre, weitere 90 Milliarden Tonnen entziehen ihr Gas-Wasser-Austausch und Kleinstlebewesen im Ozean."[4] Dieser CO_2-Kreislauf ist geschlossen, so dass in der Atmosphäre bis zum Jahr 1900 rund 280 ppm CO_2 dafür sorgten, dass ein natürlicher Treibhauseffekt bestand. Dieser hielt die bodennahe Weltmitteltemperatur bei rund 14°C mit Ausschlägen in Warm- und Kaltzeiten nach oben und unten. „Zu diesem Effekt tragen Wasserdampf (61%), Kohlendioxid (CO_2, 21%), bodennahes Ozon (O_3, 7%) und andere Gase (11%) bei. Sowohl die atmosphärische Konzentration dieser Treibhausgase als auch die globale Mitteltemperatur sind natürlichen Schwankungen unterworfen. Dies wird zunehmend überlagert durch menschliche Aktivitäten, die zu einer Anreicherung der Treibhausgase und dadurch zu einer globalen Erwärmung führen (»anthropogener Treibhauseffekt«).

---

4   Blanckenburg, Friedhelm von: Der Thermostat der Erde. In: Spektrum der Wissenschaft 3.20, S. 48-57. (ppm=parts per million).

Der 5. Sachstandsbericht (Climate Change 2014) des Intergovernmental Panel on Climate Change (IPCC, Internationale Organisationen) bilanzierte die Erkenntnisse der weltweiten Klimaforschung mit den Worten: »Die Erwärmung des Klimasystems ist eindeutig, und die Veränderungen seit den 1950er Jahren haben über Jahrzehnte bis Jahrtausende nicht ihresgleichen. Die Atmosphäre und die Ozeane haben sich erwärmt, die Schnee- und Eisbedeckung ist zurückgegangen, der Meeresspiegel und die Konzentration der Treibhausgase ist gestiegen.«

Nach Angaben der Weltmeteorologie-Organisation (WMO) ist der Erwärmungstrend nach wie vor ungebrochen. 2016 war das wärmste Jahr seit Beginn der Aufzeichnungen. Die globale Durchschnittstemperatur lag 1,1 °C über dem vorindustriellen Mittelwert und 0,06 °C über der des vormaligen Rekordjahres 2015. Außerdem wurde 2016 der Temperaturanstieg in den ersten Monaten noch durch den starken El Niño 2015/16 verstärkt. Dies führte auch in den Ozeanen zu den höchsten je gemessenen Temperaturen an der Meeresoberfläche. In den hohen Breiten stieg die Temperatur stärker als im globalen Durchschnitt; so lag die Jahresdurchschnittstemperatur auf Svalbard (Norwegen) mit –0,1 °C um 6,5 °C über dem Mittelwert von 1961–90.“[5]

Die Grafik „Klimawandel: Globale Durchschnittstemperatur“ zeigt die Temperaturveränderung seit 1950. Der Beginn des Temperaturanstiegs liegt allerdings im 19. Jahrhundert. Seitdem

---

5 Der neue Fischer Weltalmanach 2018, S. 693, mit Grafik auf der nächsten Seite. Vgl.: Olzog, Kurt: Energiewende im Klimawandel. 2. Aufl. Norderstedt 2017, S. 112f.

werden Eisenbahnen gebaut und zum Heizen Kohle und später Erdöl verfeuert.

Klimawandel: Globale Durchschnittstemperatur

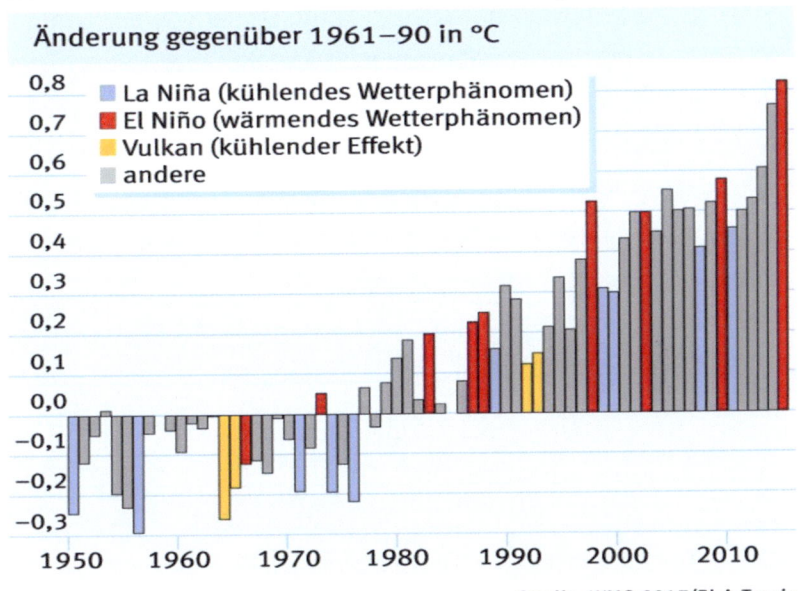

Änderung gegenüber 1961–90 in °C

- La Niña (kühlendes Wetterphänomen)
- El Niño (wärmendes Wetterphänomen)
- Vulkan (kühlender Effekt)
- andere

Quelle: WMO 2017/Blair Trewin

„Durch den Verbrauch fossiler Brennstoffe hat der Mensch den CO_2-Anteil in der Atmosphäre etwa seit dem Jahr 1900 bereits von 280 ppm auf mehr als 400 ppm erhöht. Handeln wir nicht sofort, werden wir nach dem pessimistischsten Szenario des Weltklimarats (IPCC) im Jahr 2100 eine Erdatmosphäre mit 1000 und 100 Jahre später sogar mit 2000 ppm CO_2 erleben. Gegen die Menge des CO_2 wie auch die Geschwindigkeit, mit der sie steigt, werden die natürlichen Regulierungsmechanismen nicht schnell genug ankommen. Eine Erde, wie der Mensch sie nie gekannt hat, wird die Folge sein.

Die Enormität dieser Entwicklung wird vielleicht am deutlichsten, wenn man betrachtet, wie lange es dauern wird, bis die Erde den CO_2-Gehalt auf das vorindustrielle Niveau zurückgebracht haben wird. Der Klimawissenschaftler David Archer von der University of Chicago und der Hamburger Klimamodellierer Victor Brovkin vom Max-Planck-Institut für Meteorologie haben das 2008 berechnet: Die Absorption von Kohlenstoffdioxid durch die Ozeane wird dessen Konzentration in der Atmosphäre in rund 3000 Jahren ausgehend von rund 1400 ppm auf 600 ppm reduziert haben. Nach 20000 Jahren wird die Verwitterung von Karbonatgestein den CO_2-Anteil auf 450 ppm gesenkt haben, und erst nach 200000 bis 400000 Jahren wird die [...] Verwitterung von Silikatgestein das ursprüngliche Niveau von 280 ppm wiederhergestellt haben. Ohne Zweifel wäre es besser, wenn der Mensch schnellstmöglich die Finger von diesem unvorstellbaren Experiment ließe."[6]

Die Verursacher dieses Klimawandels sind wir Menschen mit unserem Energiehunger bei gleichzeitiger Bevölkerungsexplosion. Um diesen Prozess aufhalten zu wollen, ist es zu spät. Er lässt sich allerdings verlangsamen. Wie bereits im in Paris 2015 beschlossenen Klimaabkommen vereinbart, will die Weltbevölkerung versuchen, die Erderwärmung auf 1,5°C gegenüber dem vorindustriellen Zeitalter zu begrenzen. Dazu muss man sich klarmachen, welche Parameter sich dazu eignen. Man muss die Treibhausgasemissionen in recht kurzer Zeit stoppen, wie die folgende Grafik „CO_2-Konzentration der Atmosphäre" nahelegt.

---

6   Blanckenburg, Friedhelm von: Der Thermostat der Erde. In: Spektrum der Wissenschaft 3.20, S. 48-57. (ppm=parts per million).
Vgl.: Olzog, Kurt: Ausbau der Wasserstoffwirtschaft. Norderstedt 2020, S. 14ff.

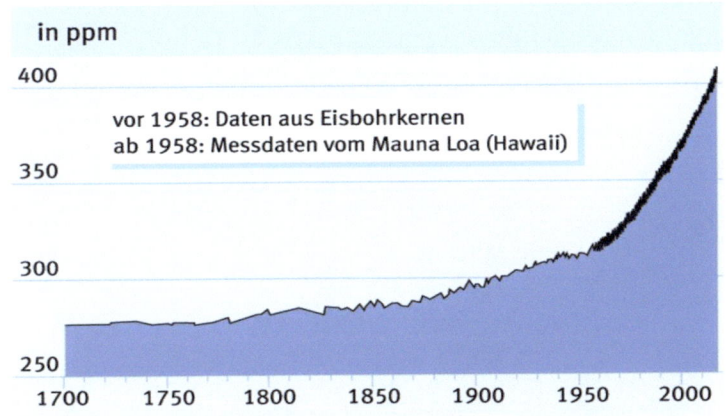

in ppm

vor 1958: Daten aus Eisbohrkernen
ab 1958: Messdaten vom Mauna Loa (Hawaii)

Quelle: Scripps Institution of Oceanography 2017

Angenommen, es gelingt uns, den CO2-Ausstoß auf Null herunter-
zufahren, dann blieben die gut 400 ppm CO2 erst mal in der Atmosphäre und der Treibhauseffekt bliebe erhalten. Damit würden
weiterhin Gletscher schmelzen und den Meeresspiegel erhöhen.

Es wird einige hundert Jahre brauchen, bis sich die Situation
einigermaßen stabilisiert hat. Wenn wir Glück haben, können wir
immerhin soweit kommen. Wir müssten allerdings das Geschenk
der Sonnenenergie annehmen. Es gibt in Europa einige Gegenden,
die von der Sonne besonders verwöhnt werden. Dort können wir
auf verschiedene Weise die Sonnenenergie in elektrischen Strom
umwandeln. Neben vielen Fotovoltaikanlagen, die nur tagsüber
Strom liefern, gibt es weitere Versuchsanlagen, die gewonnene
Energie speichern können und dadurch auch nach Sonnenunter-
gang Strom erzeugen können. Beispiele dafür sind die solarther-
mischen Anlagen Andasol in Andalusien (in Spanien) und in der

---

7   Olzog, Kurt: Energiewende im Klimawandel. 2. Auflg. Norderstedt 2017,
    S. 120. Grafik aus: Der neue Fischer Weltalmanach 2018, S. 694.

Mojave-Wüste in Kalifornien (USA). Beispiele dieser Technologien zeigen die folgenden Fotos.[8]

Parabolrinne   Fresnel-Kollektor

Solarturm

---

8   Olzog, Kurt: Gletscherschmelze und Meeresspiegel. Norderstedt, 2. Aufl.
     2020, S. 66ff, mit Abbildungen. Fotos entnommen aus:
     http://www.desertec.org/de/konzept.

„Sauberer Strom aus den Wüsten kann über Hochspannungs-Gleichstromleitungen über weite Strecken transportiert werden. 90% der Menschheit könnten theoretisch mit sauberen Strom aus der Wüste versorgt werden, da sie im Umfeld von 3000 km einer Wüste leben. Mit lediglich 3% pro 1000 Kilometer ist die Verlustrate relativ gering – die Standortvorteile von Solaranlagen in Wüsten gleichen diese Leitungsverluste mehr als aus.

Insbesondere China hat bereits Erfahrung mit der Nutzung von Hochspannungsgleichstromübertragungsleitungen (HGÜ), wie sich am Beispiel der 1418 km langen HGÜ-Leitung zwischen Yunnan und Guangdong zeigt."[9]

Ein weiteres Geschenk an Sonnenenergie erhalten wir mit Hilfe der Atmosphäre: Den größten Anteil an Sonnenenergie erhält der Äquator und der Bereich vom 23. Breitengrad Nord bis zum 23. Breitengrad Süd. Den geringsten Anteil erhalten die Pole. Dadurch ergibt sich ein Temperaturgefälle und ein Luftdruckunterschied, der ausgeglichen werden muss. Das geschieht wiederum durch Luftzirkulation in Form von Wind oder Sturm. Dieser Luftdruckausgleich kann Windräder antreiben, die durch ihre Rotation mittels Generatoren elektrischen Strom erzeugen.

Dieses Geschenk an Sonnenenergie können wir besonders in den gemäßigten Breiten nutzen, sowohl an Land (onshore), als auch vor der Küste (offshore). Es gibt allerdings warnende Stimmen, die darauf hinweisen, dass die Politik die Energiewende zu langsam vorantreibt. Dazu schreibt Christoph Böckmann in der Monatszeitschrift „metallzeitung" vom November 2020 auf S. 4f:

---

9   Ebenda

„Deutschland geht die Energie aus". Im Untertitel heißt es „WINDKRAFT Europa will der erste klimaneutrale Kontinent werden. Auch deshalb baut Deutschland die Windkraft weiter aus. Doch die Zahl der geplanten Windräder ist zu niedrig."[10]

Im Text erfahren wir: „Seit Jahren werden in Deutschland zu wenig Windräder in Betrieb genommen, sowohl im Binnenland (onshore) als auch vor der Küste (offshore). Zuletzt brach die Entwicklung bei beiden sogar richtig ein. Das sind schlechte Nachrichten. „Wenn wir bis 2050 eine klimaneutrale Energie-versorgung wollen, brauchen wir einen jährlichen Zubau von rund vier Gigawatt onshore und zwei Gigawatt offshore", betont Wolfgang Lemb, geschäftsführendes Vorstandsmitglied der IG Metall. Von diesen Zahlen sind wir weit entfernt (s. Grafiken). Die Bundesregierung hat jetzt zwar reagiert und in der aktuellen Novellierung des Erneuerbare-Energien-Gesetzes (EEG) den Ausbau angehoben, doch sie bleibt weit hinter den Anforderungen an eine glaubwürdige Energiewende zurück. Viele Hemmnisse beim Ausbau der Windenergie werden nicht angegangen. Und: „Beim Austausch alter gegen neue leistungsstärkere Windenergie-anlagen, dem sogenannten Repowering, sehe ich im Entwurf des EEG noch eine Leerstelle. Da muss sich politisch noch etwas bewegen.", sagt Lemb.

Dabei hat sich Deutschland vorgenommen, auch die Teile der Industrie und Mobilität auf klimaneutral zu trimmen, bei denen es nur mit Wasserstoff geht – beispielsweise beim Stahlkochen oder im Flugverkehr. Doch für die Herstellung von grünem Wasserstoff

---

10 Böckmann, Christoph: Deutschland geht die Energie aus. In: metallzeitung November 2020, S. 4f. Grafiken weiter hinten.

braucht es jede Menge grünen Strom. Auch der Einstieg in die E-Mobilität erhöht den Bedarf an grünem Strom. Zu Recht steigt Deutschland aus der Kernenergie und der Kohleverstromung aus. Um Versorgungssicherheit für Wirtschaft und Industrie zu gewährleisten, braucht es so aber einen viel stärkeren Ausbau der erneuerbaren Energien. In den Auftragsbüchern der Windanlagenhersteller sind die zu niedrigen Ausbauzahlen ein Schlag ins Kontor. Ein massiver Beschäftigungsabbau ist die Folge. Aus all diesen Gründen fordert die IG Metall die Politik auf, den Ausbau der erneuerbaren Energien zu forcieren. „Gleichzeitig sieht die IG Metall die Arbeitgeber in der Verantwortung. Statt Entlassungen und Verlagerungen erwarten wir, dass Arbeitsplätze erhalten und Zukunftsperspektiven für die Standorte entwickelt werden", erklärt Lemb."[11]

Zum Thema ONSHORE gibt es im Artikel folgende Information: „Der Flächenbedarf der zumeist deutlich höheren und mit größeren Rotordurchmessern versehenen neuen Onshore-Anlagen ist größer als der der Altanlagen. Dadurch wird in Repowering-projekten häufig eine Vielzahl kleiner und leistungsschwacher Anlagen durch eine geringere Anzahl moderner Anlagen ersetzt. Dennoch erzielen die Repoweringanlagen meist höhere Energie-erträge als die alten zurückgebauten Windenergieanlagen.

Die regionale Verteilung des Gesamtbestands der Windenergie-anlagen an Land in Deutschland zeigt ein deutliches Nord-Süd-Gefälle. Obwohl das Fördersystem die windschwächeren Standorte, die im Süden häufiger auftreten, verstärkt unterstützt, ist der Anteil des Südens an der kumulierten Leistung mit **15 %**

---

11 Ebenda.

am geringsten. Die Küstenländer stellen zum Halbjahreswechsel 2020 etwa **41 %** der installierten Leistung und den Bundesländern in der Mitte Deutschlands sind rund **44 %** zuzuordnen."[12]

Zum Thema OFFSHORE erfahren wir: „Der durchschnittliche Rotordurchmesser der bisher in diesem Jahr installierten Windräder liegt bei **153 Metern** und die mittlere Nabenhöhe beträgt 105 Meter. Die mittlere Nennleistung der Anlagen liegt bei **6,84 MW**.

Aktuell sind **27 Offshore-Windparks** in Nord- und Ostsee in Betrieb. Sieben weitere sollen bis 2025 folgen.

Die deutschen Offshore-Anlagen sind zwischen **10 und 130 Kilometer** von der Küste entfernt und liegen in Wassertiefen von circa **6 bis 44 Metern**."[13]

Auf der folgenden Seite wird die Entwicklung des Zubaus sowohl bei Onshore- als auch bei Offshore-Windenergieanlagen dargestellt. Diese Statistik stammt aus demselben Artikel wie die obigen Zitate. Als Quelle wird Deutsche Windguard 2020 angegeben.[14]

Anschließen sehen wir eine „Farbenlehre" für Wasserstoff aus der Wochenzeitung DIE ZEIT vom 13. Februar 2020, S. 39f.[15]

---

12 Ebenda.
13 Ebenda.
14 Ebenda, mit Diagrammen auf der nächsten Seite.
15 Pinzler, Petra, Oertel, Friederike, Schmitt, Stefan: Das politische Element. In: DIE ZEIT No 8 vom 13. Februar 2020, S. 39f, mit Grafik auf der übernächsten Seite. Links zu den Quellen bei ZEIT ONLINE unter zeit.de/wq/2020-08.

Zubau bei Onshore-Windenergie

- ■ Jährlich installierte Leistung (Neuprojekte)
- ■ Jährlich installierte Leistung (Repowering)
- ■ Jährlich zurückgebaute Leistung.

Zubau bei Offshore-Windenergie

■ Jährlicher Zubau   ■ Leistungsänderungen von Bestandsanlagen

Quelle: Deutsche Windguard, 2020

Seite 19

Vom Ökostrom zum Grüngas

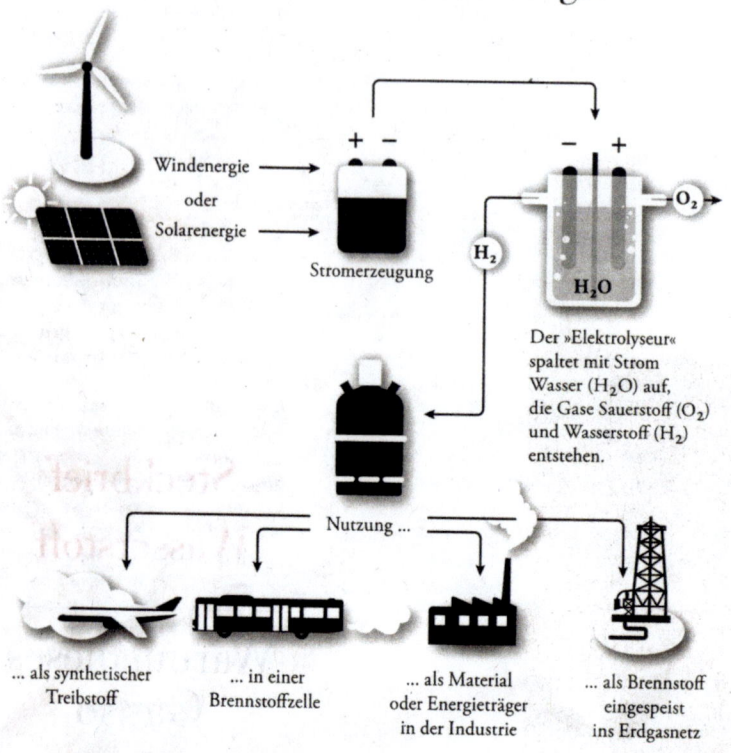

Windenergie
oder
Solarenergie

Stromerzeugung

H_2

O_2

H_2O

Der »Elektrolyseur«
spaltet mit Strom
Wasser (H_2O) auf,
die Gase Sauerstoff (O_2)
und Wasserstoff (H_2)
entstehen.

Nutzung ...

... als synthetischer
Treibstoff

... in einer
Brennstoffzelle

... als Material
oder Energieträger
in der Industrie

... als Brennstoff
eingespeist
ins Erdgasnetz

Farbenlehre für einen unsichtbaren Stoff

H_2

grauer Wasserstoff

- aus Kohle oder
Erdgas hergestellt
- verursacht hohe CO_2-
Emissionen

H_2

blauer Wasserstoff

- aus Erdgas
hergestellt
- Emissionen trotz
CO_2-Abscheidung

H_2

grüner Wasserstoff

- mit Ökostrom
hergestellt
- frei von
CO_2-Emissionen

ZEIT-Grafik: Neele Jacobi

Um die CO2-Emissionen „zu reduzieren, ist der Umbau des Energiesystems nötig. Fossile Energieträger müssen weichen. Das gilt auch für die Atomenergie. Denn sie hat sich als teuer und unsicher herausgestellt, auch das Endlagerproblem ist ungelöst. Daraus folgt: Strom und Wärme müssen vollständig aus erneuerbaren Quellen stammen.

Wasserstoff und Brennstoffzelle werden beim künftigen Energiemix eine zentrale Rolle einnehmen und zu einer der Schlüsseltechnologien des 21. Jahrhunderts aufsteigen. Warum? Weil die Umwandlung von regenerativ erzeugtem Strom in Wasserstoff erneuerbare Energien flexibel, speicher- und transportierbar macht.

Wasserstoff kann zur Energieerzeugung mit Brennstoffzellen und als Rohstoff in allen wesentlichen Energieverbrauchssektoren, von der Mobilität über die industrielle Nutzung bis hin zur Wärme- und Stromerzeugung für Gebäude, als treibhausgasfreier Energielieferant genutzt werden. Und das auch im Rahmen bereits bestehender Infrastruktur. Ein großer Pluspunkt: Wasserstoff kann Anwendungsbereiche dekarbonisieren, für die sonst keine realistischen Technologiealternativen zur Verfügung stehen – beispielsweise im Schiff-, Flug- und Schwerlastverkehr, bei der industriellen Energie- und Rohstoffnutzung sowie in Teilen des Wärmesektors.

Viele wirtschaftliche Sektoren werden den Rohstoff und die dazugehörigen Technologien also stark nachfragen. Schon 2030 könnten deutsche Betriebe rund 44 Milliarden Euro Umsatz im Bereich Wasserstoff und Brennstoffzellen erzielen und so 70000 Arbeitsplätze schaffen. Das prognostizieren der deutsche und der europäische Wasserstoffverband sowie die Unternehmensberatung Roland Berger. Profitieren können auch die konventionellen Kraftwerksbauer, denn sie sind bereits stark in der Wasserstofftechnologie engagiert. So können auch Arbeitsplätze erhalten werden."[16]

Unter der Rubrik „Umweltfreundliche Energie" brachten die Nachrichten am 10. Juni 2020 im Deutschlandfunk:„Deutschland soll Vorreiter bei Wasserstoffproduktion werden" mit folgendem Wortlaut:

„Deutschland soll nach dem Willen der Bundesregierung eine Führungsrolle bei der Produktion von Wasserstoff als klimafreundlichem Energieträger übernehmen.

Das Kabinett verabschiedete dazu eine Strategie im Umfang von neun Milliarden Euro aus dem Konjunkturpaket zur Coronakrise – zusätzlich zu bereits laufenden Förderprogrammen. Ziel sei es, Deutschland weltweit zur Nummer eins bei dieser Technologie zu machen. Bundeswirtschaftsminister Altmaier erklärte, Wasserstoff werde ein Schlüsselrohstoff für eine erfolgreiche Energiewende sein. Bundesumweltministerin Schulze erwartet nach eigenen Worten von der neuen Wasserstoffstrategie einen „doppelten Schub", für den Klimaschutz und für eine nachhaltige Erholung der deutschen Wirtschaft nach der Coronakrise. Dieser Effekt könnte nach ihren Worten vor allem in der Stahlindustrie oder im Flugverkehr zum Tragen kommen.

Im Zentrum des Vorhabens steht sogenannter „grüner" Wasserstoff, der ausschließlich mit erneuerbaren Energien gewonnen

---

16 Böckmann, Christoph: Der Energieträger der Zukunft. In: Metallzeitung. Frankfurt am Main , April 2020, S. 4f.

wird und als Basis für Kraft- und Brennstoffe dienen kann."[17]

Zapfventil an der Zapfsäule einer Wasserstofftankstelle in Dresden
(dpa/Sebastian Kahnert)

Die Anzahl dieser Wasserstofftankstellen ist noch sehr gering, soll aber im Laufe der nächsten Zeit erhöht werden. Wer also heute ein Brennstoffzellen-Fahrzeug kauft, muss öfter Umwege zur Tankstelle zurücklegen. Vergleiche dazu den Artikel „Umweg nach vorn" von Stefan Schmitt in der Wochenzeitung DIE ZEIT No 10 vom 27. Februar 2020, S. 34.[18]

Von Friedrich List stammt ein Beitrag mit dem Titel „Wasserstoff Marsch!" und dem Untertitel „Der Verkehr der Zukunft – das ist

17 https://www.deutschlandfunk.de/umweltfreundliche-energie-deutschland-soll-vorreiter-bei.1939.de.html?drn:news_id=1139720, mit Abbildung. Coronakrise: Von Coronaviren ausgelöste Pandemie, die sich seit Dezember 2019 ausgehend von Wuhan in China weltweit ausgebreitet hat. Die Weltwirtschaft wurde dadurch stark beeinträchtigt.
18 Schmitt, Stefan: Umweg nach vorn. In: DIE ZEIT No 10 vom 27. Februar 2020, S. 34.

doch Elektromobilität, oder? Nicht unbedingt. Wo sich lange Zeit ziemlich wenig getan hat, herrscht plötzlich Aufbruchsstimmung. Im Zeichen des Klimawandels interessiert sich die Politik nun vermehrt für Wasserstoff als Energieträger. Und die Autobauer ebenso."[19]

Unternehmen wie BMW und die Daimler AG seien schon seit Jahren führend bei Wasserstofftechnologien. Dabei konzentriere sich Daimler auf Nutzfahrzeuge. „Am 16. September 2020 hat der Konzern den Mercedes-Benz GenH2 Truck vorgestellt. Erste Tests mit Kunden sind für 2023 geplant, die Serienproduktion soll in der zweiten Hälfte des Jahrzehnts starten."[20]

19 List, Friedrich: Wasserstoff Marsch! In: IT-Unternehmen aus der Region stellen sich vor. Eine Themenbeilage von Heise Medien 2/2020, S. 20-23.
20 Ebenda, mit Abbildung von S. 20.

BMW hat bereits die zweite Generation von Antrieben mit Brennstoffzellen in Arbeit. „Die Wasserstoffbrennstoffzelle hat den Vorteil, dass sie als Abfallprodukt lediglich Wasserdampf ausstößt. In der Zelle selbst reagieren Wasserstoff und Sauerstoff miteinander und liefern so elektrischen Strom für den Motor. Im Rahmen des Power-of-Choice-Prinzips sollen manche Fahrzeugklassen auch mit der Option auf eine Brennstoffzelle erscheinen. Diese Variante würde die bisherigen Wahlmöglichkeiten zwischen Benziner, Diesel, Plug-in-Hybrid und E-Antrieb per Batterie erweitern. Als erstes derartiges Fahrzeug soll ab 2022 der BMW i Hydrogen Next in einer Kleinserie auf den Markt kommen. Das SUV baut auf dem BMW X5 GO5 auf; die Brennstoffzelle wird eine Leistung von 170 PS abgeben. Mit dieser Leistung kann dann ein Lithium-Ionen-Akku aufgeladen werden. Angetrieben wird der Öko-SUV dann von Elektromotoren, die insgesamt 374 PS leisten. In die beiden Tanks passen 6 kg Wasserstoff, das Nachtanken soll nur wenige Minuten dauern. Dagegen dauert der Vorgang bei einem vergleichbaren Batterieauto rund eine halbe Stunde. BMW möchte beobachten, wie sich die Nachfrage im Premiumsegment entwickelt. Sollten sich die positiven Erwartungen erfüllen, will die BMW Group in der zweiten Hälfte dieses Jahrzehnts auch ein Großserienfahrzeug produzieren."[21]

„Bei der Fertigung der Brennstoffzellen für den X5 geht der Konzern ebenfalls neue Wege: Er greift auf eine automatisierte Forschungsanlage zurück, die unter dem Dach des vom Bundesministerium für Verkehr und digitale Infrastruktur (BMVI) geförderten Programms Auto Stack Industrie entstand. Das

---

21 Ebenda, S. 20f.

Gesamtsystem gilt als BMW-Eigenentwicklung, während das Innenleben vom Kooperationspartner Toyota stammt."[22]

Der Daimler-Konzern habe die Produktion seines Brennstoffzellen-PKW eingestellt, da man dort einen größeren Marktanteil für Batterie-PKW erwarte und es noch viel zu wenige Wasserstofftankstellen gebe. Andererseits bräuchten Nutzfahrzeuge noch recht große und schwere Batterien. Daher sei bei Nutzfahrzeugen die Brennstoffzelle im Vorteil.

„Die Entwickler arbeiten schwerpunktmäßig an Nutzfahrzeugen (Lkw und Bussen), die ihre Energie aus Brennstoffzellen beziehen. Dazu hat die Firma ein Joint Venture mit Volvo gegründet. Die bisherige Brennstoffzellenabteilung von Daimler geht in dieser neuen Firma auf. Für den Bereich der Nutzfahrzeuge erwarten die Verantwortlichen bessere Marktchancen. „Transport und Logistik halten die Welt am Laufen, gleichzeitig wächst der Transportbedarf weiter", so Daimler-Truck-Chef Martin Daum gegenüber Pressevertretern. „Ein wirklich CO_2-neutraler Transport wird nur durch einen elektrischen Antriebsstrang erreicht werden, wobei die Energie aus zwei Quellen kommen kann: entweder aus Batterien oder durch die Umwandlung von Wasserstoff in Elektrizität an Bord des Fahrzeugs. Für den LKW-Einsatz im schweren Fernverkehr sind Brennstoffzellen eine entscheidende Lösung."

Daimler folgt hier Vorreitern wie dem US-Hersteller Kenworth oder Toyota, die beide bereits mit Brennstoffzellen-Lkw am Markt vertreten sind. Volvo und Daimler wollen zusammen

---

22 Ebenda, S. 21.

Brennstoffzellensysteme für schwere Nutzfahrzeuge entwickeln, serienreif machen und dann gemeinsam vermarkten. Neben den schweren Nutzfahrzeugen denken die Verantwortlichen auch an andere Anwendungen, etwa stationäre Systeme. Standort soll der Hauptsitz der Mercedes-Benz Fuel Cell GmbH in Kirchheim-Nabern sein. Außerdem sollen weitere Produktionsstätten an deutschen Standorten und in Kanada aufgebaut werden. Volvo steuert Kapital bei und erhält zum Preis von 600 Millionen Euro 50 % des gemeinsamen Unternehmens. Darüber hinaus will die Daimler Truck AG zusammen mit der britischen Rolls-Royce plc stationäre Brennstoffzellengeneratoren entwickeln, die dann zum Beispiel als CO_2-neutrale Notstromversorgung von Einrichtungen wie Rechenzentren dienen können.

Ab 2022 möchte Daimler die ersten Busse mit Brennstoffzelle verkaufen. Die soll dann im Mercedes-Benz eCitaro der Reich-weitenverlängerung dienen. Bereits ab 2021 soll der Bus mit einer Feststoffbatterie angeboten werden. Zu den Kunden für den eCitaro gehört auch die Hamburger Hochbahn AG, die Deutsch-lands ersten produzierten E-Bus seit zwei Jahren verwendet. Im August unterzeichneten der Fahrzeugbauer und die Hochbahn einen Rahmenvertrag über die Lieferung von weiteren elektri-schen Stadtbussen. Die Hochbahn nutzt bereits eCitaro-Busse und möchte nun zwischen 2021 und 2025 bis zu 530 Fahrzeuge abneh-men. Zu einem weiteren Großkunden soll Amazon avancieren. Der Versandhändler wird von der Mercedes-Benz AG in den nächsten Jahren 1800 elektrische Lieferfahrzeuge beziehen, um bis 2040 klimaneutral zu sein."[23]

---

23 Ebenda, S. 22.

https://h2.live/tankstellen

Für PKW gibt es in Deutschland noch sehr wenige Wasserstofftankstellen. H2.live beabsichtigt, noch im Jahr 2020 die Kapazität
für PKW auf 100 öffentliche Wasserstofftankstellen zu erweitern.
Grüne und rote Markierungen stehen hier für vorhandene, blaue
für in Realisierung befindliche Wasserstofftankstellen.[24]

---

24 Ebenda, S. 22f. Abbildung aus: https://h2.live/tankstellen.

2. Erneuerbare Energien zur Wasserstoffgewinnung

Auch wenn die chemische Industrie Wasserstoff bisher beispielsweise für die Herstellung von Stickstoffdünger oder beim Cracken von Kohlenwasserstoffen in Erdölraffinerien benötigt und Wasserstoff außerdem als Zwischenstufe bei chemischen Verfahren zur Herstellung von synthetischen Kraftstoffen wie Gas-to-Liquid (GtL), Coal-to-Liquid (CtL) und Biomass-to-Liquid (BtL) gebraucht wird, nimmt inzwischen die Bedeutung der erneuerbaren Energien zu. Dadurch werden Energiespeicher notwendig, damit Produktions- und Bedarfszeiten aufeinander abgestimmt werden können. Eine Option zur Stromspeicherung ist die Elektrolyse von Wasser zu den Gasen Wasserstoff (H_2) und Sauerstoff (O_2), die gespeichert und später wieder in Brennstoffzellen verstromt werden könnten. Im kleinen Rahmen der Wasserstoffwirtschaft wird der Wasserstoff auch direkt genutzt. Die Gewinnung von molekularem Wasserstoff spielt auch für den Einsatz in der Medizin und der Gesundheitsvorsorge eine Rolle.

Zur Elektrolyse von Wasser werden allerdings große Mengen erneuerbare Energien benötigt. Wahrscheinlich muss ein Großteil dieser Energien aus dem Ausland importiert werden.

„Auf Wasserspaltung basierende Herstellungsverfahren können Wasserstoff CO_2-frei produzieren, wenn sie mit klimaneutralem Strom betrieben werden. So produzierter Wasserstoff wird zuweilen "grüner Wasserstoff" genannt.

Die großtechnische Umsetzung solcher Verfahren wird oft als eine Schlüsseltechnologie zur Bekämpfung des Klimawandels betrachtet."[25]

Bisher wurden Wasserstoffherstellungsverfahren im industriellen Maßstab verwendet, die Kohlenwasserstoffe nutzen. Diese Erzeugung von molekularem Wasserstoff erzeugt CO und CO_2, so dass „grauer" Wasserstoff entsteht.

„Bei der Verwendung von Kohlenwasserstoffen, aber auch Kohle und Biomasse, liefert der Rohstoff die für den Prozess notwendige Energie. Auch der Wasserstoff kann teilweise bereits im Rohstoff gebunden vorliegen oder wird in Form von Wasser hinzugefügt. Eine Ausnahme ist das Kværner-Verfahren, bei dem die benötigte Energie hauptsächlich von außen zugeführt wird."[26]

Diese verschiedenen Verfahren werden ausführlich in der angegebenen Quelle beschrieben.

„Wie bereits angedeutet, kann auch **Biomasse** in den etablierten Verfahren eingesetzt werden. In diesem Fall wird soviel CO_2 freigesetzt, wie zuvor von den Pflanzen aufgenommen wurde, so dass in diesem Fall die Wasserstofferzeugung klimaneutral bleibt. Der so erzeugte Wasserstoff wird als „blau" bezeichnet, wie auch die Mischung obiger Verfahren mit Wasserspaltung mit erneuerbaren Energien. „Allerdings steht die Herstellung von Wasserstoff aus Biomasse neben der direkten energetischen Nutzung von Biomasse (bsw. durch Hackschnitzel) auch in Konkurrenz zur Bio-

25 https://de.wikipedia.org/wiki/Wasserstoffherstellung#Einsatz_von
   _Wasserstoff; siehe auch: Grüner Wasserstoff als Klimaschützer: Der
   Sauberstoff auf spiegel.de abgerufen am 2. Januar 2020.
26 Olzog, Kurt: Ausbau der Wasserstoffwirtschaft. Norderstedt 2020, S. 33.

masseverflüssigung. Die so gewonnenen flüssigen Kraftstoffe haben als Energieträger eine höhere Energiedichte als Wasserstoff und sind einfacher handhabbar."[27]

Wenn wir uns allerdings auf die **Wasserspaltung** mit erneuerbarer Energie konzentrieren, entsteht „grüner" Wasserstoff. Bei seiner Erzeugung wird kein CO_2 frei. Produzieren Windräder überschüssigen Strom, der in der heutigen Situation vom Netz nicht aufgenommen werden kann, müssten sie nicht etwa abgeschaltet werden, sondern könnten zur Wasserstofferzeugung per Elektrolyse genutzt werden [...]. Diesen Wasserstoff kann man in Kavernen zwischenspeichern bis zur nächsten Windflaute, in der man ihn zur Stromerzeugung in Brennstoffzellen nutzen kann. Hierbei wird nur Wasserdampf erzeugt, kein CO_2. Auf der folgenden Seite wird der **Hoffmannsche Zersetzungsapparat** gezeigt. „H_2 und O_2 verhalten sich weitgehend wie ideale Gase. Damit haben die gemessenen Gasvolumina H_2 zu O_2 das Verhältnis 2:1 und folgen der Stöchiometrie der Elektrolyse. Die Gasvolumina sind proportional zum elektrischen Strom, der über die Zeit des Messung geflossen ist. Die Volumina sind also proportional zur elektrischen Ladung."[28]

---

27 Ebenda, S. 37. Siehe auch: Ulf Bossel, Theorie und Praxis, April 2006: *Wasserstoff löst keine Energieprobleme*, aufgerufen am 24. September 2014
28 Ebenda, S. 37f. Zitiert aus: https://de.wikipedia.org/wiki/Wasserelektrolyse#/media/Datei: Hoffmannscher_Zersetzugs-app.svg, mit Abbildung.

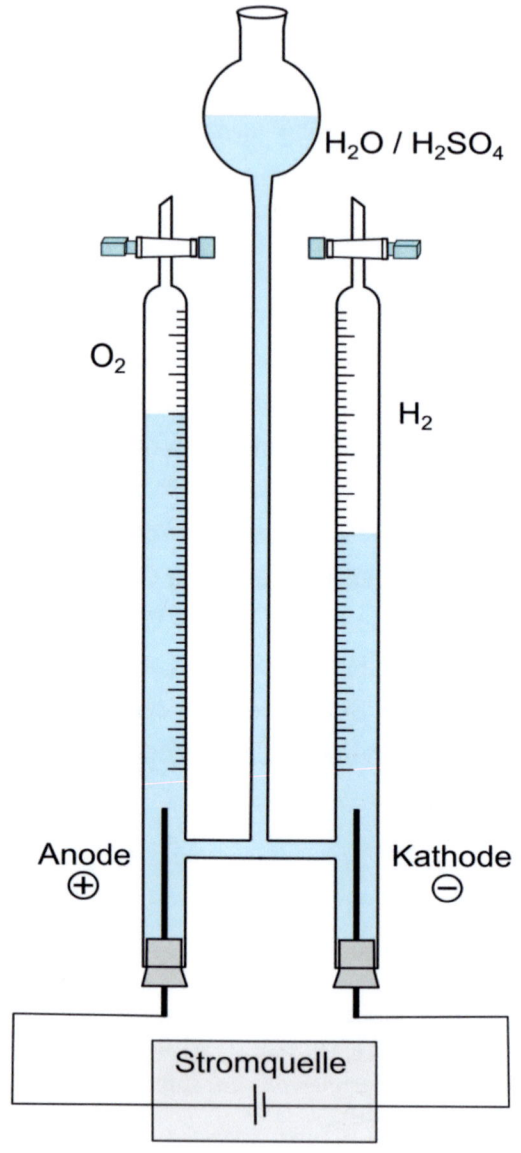

„Unter **Wasserelektrolyse** versteht man die Zerlegung von Wasser in Wasserstoff und Sauerstoff mit Hilfe eines elektrischen Stromes. Die wichtigste Anwendung dieser Elektrolyse ist die Gewinnung von Wasserstoff, die allerdings bisher technisch nur genutzt wird, wenn günstige elektrische Energie zur Verfügung steht, da bisher die Wasserstoffgewinnung aus fossilen Energieträgern günstiger ist als die Herstellung von Wasserstoff mittels Wasserelektrolyse.

Durch den starken Ausbau der Nutzung von erneuerbaren Energien wird davon ausgegangen, dass die Wasserelektrolyse als Bestandteil von Power-to-Gas-Anlagen mittel- bis langfristig eine große Bedeutung zur Herstellung von Synthesegas erreichen wird. Mit Wasserstoff als Energiespeicher wird die Verstetigung der Stromerzeugung aus erneuerbaren Energien, insbesondere bei Windkraft und Photovoltaik, gefördert, indem Überschüsse von Wind- und Solarstrom chemisch zwischengespeichert werden können. Der erzeugte Wasserstoff kann für chemische Prozesse genutzt oder direkt oder nach anschließender Methanisierung als Methan dem Erdgasnetz zugeführt werden. Anschließend steht er für verschiedene Anwendungszwecke wie z. B. als Rohstoff für die chemische Industrie (Power-to-Chemicals), als Antriebsenergie von Fahrzeugen, Schiffen und Flugzeugen (Power-to-Fuel) oder für die Rückverstromung in Gaskraftwerken oder Brennstoffzellen zur Verfügung.“[29]

---

29 Ebenda, S. 39. Siehe auch: https://de.wikipedia.org/wiki/Wasserelektrolyse. Außerdem: Volker Quaschning, *Regenerative Energiesysteme. Technologie – Berechnung – Simulation*. 9. aktualisierte Auflage. München 2015, S. 54f

„Wie bereits im ersten Kapitel angedeutet, spielt der Wirkungsgrad von Wasserstofferzeugung und Rückverstromung eine eher marginale Bedeutung. Denn unser Globus wird von der Sonne dermaßen reichlich mit Energie beschenkt, dass wenige Wüstenregionen in Südspanien oder Nordafrika ausreichen, um erneuerbare Energie zu erzeugen und aus dem Überschuss günstig Wasserstoff zu produzieren. Ein erstes Partnerland für Europa ist Marokko. Dort ist die Entwicklung bereits weit fortgeschritten. Bedingt durch die Coronakrise hat es schon Fälle gegeben, dass Erdöl mit Verlust abgegeben wurde: Die fallende Nachfrage hat dazu geführt, das einige Anbieter Geld geboten haben, um ihr Öl loszuwerden. Die Europäischen Regierungen haben nun die Gelegenheit erkannt und arbeiten zielstrebig am Wiederaufbau der Wirtschaft unter verstärkter Nutzung erneuerbarer Energien und dem Ausbau der Wasserstoffwirtschaft."[30]

---

30 Ebenda, S.41, mit Abbildung. Siehe auch:
    https://de.wikipedia.org/wiki/Wasserstoffherstellung#/media/Datei:
    Photo_praxair_plant.hydrogen.infrastructure.jpg

Ein Beispiel mag aufzeigen, wie man auch in einem vergleichsweise kleinen Rahmen energieautark mit Sonne und Wind aus-
kommen kann. „Aus eigener Kraft" heißt ein Artikel von Marc
Winkelmann.[31]

Der energieautarke Katamaran erreicht Fort de France, Martinique, nach der
ersten Transatlantikpassage (Ausschnitt). © Energy Observer Productions -
George Conty

---

31 Winkelmann, Marc: Aus eigener Kraft. In: seventeen goals. Wie Menschen
    die Welt bewegen. Eine Sonderbeilage von Projekt 17 in Kooperation mit
    dem Zeitverlag. Nr. 03, Herbst 2020, S. 20ff. Siehe auch:
    www.energy-observer.prg, mit Abbildung.

Als Schlagwort heißt es: „Wasserstoff ist die meistverbreitete Ressource der Welt…".[32] Im Untertitel lesen wir: „Mit dem ersten schwimmenden Kraftwerk durchkreuzen zwei Franzosen die Ozeane – ohne Emissionen, sechs Jahre lang. Ihr Ziel: neueste Energie-Technologien erforschen und sich komplett selbst versorgen".[33]

Bei dem Schiff handelt es sich um einen umgebauten Großkatamaran von mehr als 30 Metern Länge und beinahe 13 Metern Breite. Die Oberfläche ist voll belegt mit mehr als 200 Quadratmetern Solarzellen. Zwei große Segel dienen zur Nutzung der Windenergie und richten sich selbstständig aus, um optimal im Wind zu stehen. Die Schiffsschrauben bewegen sich dabei passiv mit und laden Akkus. Bei Flaute kann das Schiff dann von den Schrauben mittels Akkus und Fotovoltaik angetrieben werden. Jérôme Delafosse leitet das Projekt seit 2013, das mittlerweile über ein Budget von 30 Millionen Euro verfügt und bis zu 60 Forschern und Entwicklern als Labor dient.

Für den Fall, dass in einer Flaute bei Nacht die Akkus leer zu werden drohen, existiert eine weitere Energiereserve: drei Wasserstofftanks. Mit Elektrolyse wird Meerwasser an Bord in Wasserstoff und Sauerstoff gespalten und der Wasserstoff gespeichert. Bei Bedarf kann ein von Toyota entwickeltes Brennstoffzellensystem den Wasserstoff wieder mit Sauerstoff verbinden und dadurch elektrischen Strom liefern. „Sechs Tage lang halten diese Vorräte bei Flaute und verhangenem Himmel."[34]

---

32 Ebenda, S. 22.
33 Ebenda, S. 21.
34 Ebenda, S. 22.

Die Energy Observer passiert einen Gletscher vor Spitzbergen

„Dass die Energy Observer auch mit Wasserstoff fährt, einer vergleichsweise wenig erforschten Technik, war dem Team wichtig. Delafosse: „Wasserstoff ist die meistverbreitete Ressource der Welt und sie ist erneuerbar. Die Entwicklung steht erst am Anfang – aber durch die Erprobung auf unserem Boot konnte ein Logistikpartner seinen ersten Wasserstoff-Truck bauen". Die beteiligten Partnerunternehmen dürfen auf die während der Weltreise gesammelten Daten zugreifen.

Ähnlich wie in ihrer Heimat Frankreich hatte die Wasserstofftechnologie in Deutschland bislang keine Priorität; in der Regel werden Elektromotoren als goldener Weg für die dekarbonisierte Mobilität gepriesen. Ob die Verkehrswende allein damit gelingt, ist aber fraglich. Und so hat die Bundesregierung im Frühjahr eine „Nationale Wasserstoffstrategie" beschlossen, um der Branche auf die Füße zu helfen.

Energie, das war für Jérôme Delafosse lange Zeit bloß eine „Rechnung am Ende des Monats". Er, der Umweltschützer, wusste wenig über Energie und welche Probleme die Produktion verursacht, gibt er zu. Durch die Beschäftigung mit dem Thema und seine Reisen hat er heute einen differenzierten Blick gewonnen. Und eine neue, positive Geschichte, die er weitertragen möchte: „Wir wollen nicht davon berichten, dass der Klimawandel uns in eine Katastrophe führt, sondern die Menschen von einer anderen Welt träumen lassen."

Toyota entwickelte das speziell entworfene Brennstoffzellensystem des ersten energieautarken Wasserstoffbootes

Auf ihrer Internetseite und ihrem Facebook-Kanal berichten sie ausführlich von ihren Erfahrungen und Begegnungen, erzählen von Pionieren, die unter Wasser Korallen züchten, die Arbeitslose zum Thema Biodiversität fortbilden oder einen kostenlosen öffentlichen Nahverkehr einführen. Sein Kompagnon, Kapitän Victorien Erussard, wurde von der französischen Ministerin für

ökologischen Wandel bereits zum Botschafter der 17 Nachhaltig-
keitsziele ernannt.

Lässt die Pandemie es zu, fährt die Energy Observer im kommenden Jahr nach Kalifornien und überquert mit dem Pazifik einen
weiteren Ozean, bis nach Tokio, zu den Olympischen Spielen.
Klappt's nicht, planen sie um. Auch das, so der Franzose, habe er
inzwischen gelernt: sich der Realität anzupassen und im Zweifel
etwas langsamer unterwegs zu sein. Aber solange sie ihr Ziel
erreichen, und das aus eigener Kraft, ist ihre Mission erfüllt.
Bislang hat das noch jedes Mal geklappt."[35]

---

35 Ebenda, S. 22, mit Abbildungen.

3. Die Vielseitigkeit von Wasserstoff

Inzwischen sind etliche Anwendungsmöglichkeiten für den Primärenergieträger Wasserstoff bekannt. Im eben beschriebenen Beispiel wird er genutzt, um bei Windflauten und bedecktem Himmel oder in der Nacht mobil zu bleiben, denn das Brennstoffzellensystem sorgt für elektrischen Strom. Für mehrere Tage bleibt die Mobilität erhalten. Kommt wieder Wind auf oder scheint die Sonne, können die Wasserstofftanks dank der Elektrolyse von Meerwasser wieder gefüllt werden.

Auf dem Festland gibt es ähnliche Realisierungen. Ein Beispiel bietet die unterfränkische Kleinstadt Haßfurt in der Nähe von Schweinfurt. Dort bringen ein Windpark und Solarzellen weit mehr elektrischen Strom hervor, als die Gemeinde verbraucht. Statt nun Windenergieanlagen abschalten zu müssen bei einem Übermaß an Strom, hat man lieber einen Elektrolyseur gebaut, der den überschüssigen Strom zur Trennung von Wasser in Wasserstoff und Sauerstoff nutzt. Der Wasserstoff wird als Energieträger gespeichert und bei Energiemangel zur Energieerzeugung wieder verbraucht.[36]

Auf diese Weise ließe sich die Stromerzeugung dezentralisieren, aber die Investitionskosten sind nicht gering. In unserem Beispiel hat der Energieversorger Greenpeace Energy einen Teil der Investitionssumme von zwei Millionen Euro übernommen und verkauft die Einspeisung an klimabewusste Kunden als „Windgas".

---

36 Olzog, Kurt: Ausbau der Wasserstoffwirtschaft. S. 20f.

„Allerorten lässt das verheißungsvolle Gas Projekte sprießen: Durch Wuppertal fahren wie in Hamburg ab März Wasserstoffbusse, auch in Bielefeld und Ulm soll es bald soweit sein. Durch das Elbe-Weser-Dreieck rollt seit 2018 der weltweit erste Wasserstoff-Zug im Liniendienst. In Görlitz hat Siemens ein Zentrum eröffnet, in dem Stadtwerke sich Wasserstofftechnik für die kommunale Versorgung anschauen können. In Wörth am Rhein wurde Ende November 2019 der erste Wasserstoff-betriebene Müllwagen vorgestellt. Und zuhauf gibt es Pläne: Bad Lauchstädt bei Leipzig will eine alte Salzkaverne zum Wasserstoffspeicher umwandeln, in Wesseling bei Köln will Shell einen riesigen Elektrolyseur bauen."[37]

Welche Möglichkeiten gibt es mittlerweile, um Wasserstoff zu speichern und zu verteilen?

„In einer voll ausgebauten Infrastruktur mit entsprechenden Abnahmemengen könnte eine Verteilung über Pipelines deutlich energieeffizienter und kostengünstiger sein. Dazu könnte ein Großteil des bereits bestehenden Erdgasnetzes verwendet werden. [...] Das Erdgasnetz ist für die Aufnahme von Wasserstoff geeignet.[...] Vor der Umstellung auf Erdgas wurden die deutschen Gasnetze mit Stadtgas betrieben, das zu 51 % aus Wasserstoff bestand. Der Energietransport über ein Gasnetzwerk erfolgt mit wesentlich weniger Verlusten (< 0,1 %) als bei einem Stromnetzwerk (8 %).[...] Bei reinem Wasserstoff gibt es prinzipiell das Problem der Wasserstoffversprödung, weil Wasserstoff in atomarer Form leicht in die Kristallstruktur der meisten Metalle migrieren kann und daher erhöhte Anforderungen an die Dichtigkeit

---

37 Ebenda, S. 21.

bestehen.[...] Die Speicherkapazität des deutschen Erdgasnetzes liegt bei mehr als 200.000 GWh und kann den Energiebedarf mehrerer Monate zwischenspeichern.[...] Zum Vergleich: die Kapazität aller deutschen Pumpspeicherkraftwerke beträgt dagegen nur 40 GWh. Das Ministerium für Umwelt, Naturschutz und Verkehr des Landes Baden-Württemberg will künftig (Stand 2011) den Ausbau einer Wasserstoff-Infrastruktur unterstützen.[...] Es gibt zudem praktische Erfahrungen mit Wasserstoffleitungen:

- Im Ruhrgebiet wird seit Jahrzehnten ein über 240 km langes Wasserstoffnetz betrieben.
- In Sachsen-Anhalt besteht ein 90 km langes, gut ausgebautes Wasserstoff-Pipeline-System der Linde-Gas AG in einer Region mit starker industrieller Gasnachfrage zwischen Rodleben-Bitterfeld-Leuna-Zeitz.[...]
- Weltweit existierten 2010 mehr als tausend Kilometer Wasserstoffleitungen.[...] Air Liquide betreibt 12 Pipeline-Netze mit einer Gesamtlänge von 1200 km.[...]

Probleme gibt es noch mit der Langzeitspeicherung. So verflüchtigt sich ein Teil des Wasserstoffes aus den Kryotanks, wenn kein kontinuierlicher Verbrauch gesichert ist. Beispielsweise begann die Ausgasung beim BMW Hydrogen 7 mit Flüssigwasserstofftank nach 17 Stunden Standzeit, nach neun Tagen war ein halbvoller Tank verdampft."[38]

Zu diesem Thema äußert sich Christoph Böckmann in seinem

---

38 Ebenda, S. 43f. Zitiert aus:
    https://de.wikipedia.org/wiki/Wasserstoffwirtschaft#Speicherung_und
    _Verteilung_von_Wasserstoff. Quellen und weiterführende Literatur
    befinden sich unter obiger Adressangabe im Literaturverzeichnis.

Artikel „Neue Chancen und Jobs auf dem Weg zur Klimaneutralität". Der Untertitel lautet: „WASSERSTOFF Für eine CO_2-neutrale Industrie ist Wasserstoff der Schlüssel. Nötig sind neue Produkte und Dienstleistungen rund um Wasserstoff. Die bieten eine große Chance, Arbeitsplätze zu sichern und neue zu schaffen. Doch die weltweite Konkurrenz um die neu entstehenden Wertschöpfungsketten schläft nicht."[39]

Böckmann bedauert, dass die Deutschen Edelstahlwerke (DEW) in Witten und Siegen zur Zeit Kurzarbeit fahren. Auch beim Blick in die nähere Zukunft sieht es nicht rosig aus, denn durch die Umstellung von Verbrenner- auf Elektromotoren in Automobilen werden weniger Spezialstähle benötigt, für die die DEW Spezialisten sind. „Doch es gibt einen Silberstreif am Horizont: Wasserstoff. Der Weg zu einer klimaneutralen Wirtschaft bietet auch Chancen für den Industriestandort Deutschland. […] Wasserstoff kann vielerorts fossile Energieträger ersetzen und dadurch CO_2 sparen. Mit seiner Hilfe ist ein klimaneutraler Nutz-, Schwerlast- Schiffs- und eines Tages wahrscheinlich auch Flugverkehr möglich. Zudem kann der Wasserstoffeinsatz bei vielen Industrieprozessen Kohlenstoffdioxid ein[]sparen, zum Beispiel bei der Stahlgewinnung aus Eisenerz. Dort vermeidet der Einsatz von einer Tonne Wasserstoff 25 Tonnen CO_2. Die Deutschen Edelstahlwerke betrifft das nur bedingt. Sie gewinnen ihren Stahl nicht aus Eisenerz, sondern aus Schrott. Der dazu benötigte Elektroofen arbeitet klimaneutral, wenn aus der Leitung grüner Strom fließt. Doch auch wenn der Energiemix in Deutschland rein aus erneuerbaren

---

39 Böckmann, Christoph: Neue Chancen und Jobs auf dem Weg zur Klimaneutralität. In: metallzeitung November 2020, S. 20f.

Quellen bestünde, würden Witten und Siegen den komplett klima-neutralen Herstellungsprozess wahrscheinlich nur mit Hilfe von Wasserstoff erreichen. Denn um den Stahl für die Weiterverarbei-tung warmzuhalten, verfeuern die Stahlarbeiter bislang Erdgas. Unterm Strich ist klar: Eine hundertprozentige Klimaneutralität, wie sie sich Europa bis 2050 vorgenommen hat, erreichen wir nur durch den Einsatz von Wasserstoff.

Dafür muss die Industrie schon heute die Infrastruktur schaffen. Es braucht Elektrolysen, die unter Einsatz von erneuerbaren Energien aus Wasser Wasserstoff gewinnen. Erforderlich sind auch Tanks für die Lagerung und Pipelines für den Transport. Nötig sind darüber hinaus Brennstoffzellen, um die im Wasser-stoff gespeicherte Energie wieder freizusetzen. Das ist eine Chance für die deutsche und europäische Industrie, auch für den Stahlhersteller aus dem Ruhrgebiet. Die DEW haben Vorprodukte, die zu Pipelines gewalzt werden können, im Angebot. Sie produ-zieren Teile für Windräder, die benötigt werden, um den Energie-bedarf für die Wasserstoffproduktion zu decken. Sie stellen das passende Vormaterial her und stehen ganz oben auf der Liste der Zulieferer für Hersteller von Wasserstofftanks (RSH-Stähle). Banal ist das alles nicht. Denn Wasserstoff ist ein „Stahlschäd-ling". Er greift das Material an. Doch mit den Hightechstählen „Made in Germany" ist das kein Problem.

Allerdings wissen nicht nur die Stahlexperten in Witten und Siegen, dass Wasserstoff der Rohstoff der Zukunft sein wird. Weltweit hat das Rennen um den neuen Markt und die dazu-gehörigen Wertschöpfungsketten begonnen. Die Bundesregierung will nicht, dass der Wasserstoffzug ohne Deutschland abfährt.

Sieben Milliarden Euro möchte die Bundesregierung mit ihrer nationalen Wasserstoffstrategie lockermachen. Doch Betriebsrat Peine kann neben der Ankündigung nicht viel zählbares erkennen. Ihm geht alles zu langsam: „Wir lassen uns die Butter vom Brot nehmen, wenn wir zu lange warten. In Asien investieren sie bereits sehr stark in die Wasserstofftechnologie. Wenn wir hier einen gewissen Vorteil und Vorsprung haben wollen, dann müssen wir jetzt schleunigst loslegen", sagt Peine.

Das sieht auch die IG Metall so. Sie fordert die Politik auf, ihren Worten Taten folgen zu lassen. Denn die IG Metall will das Thema voranbringen: „Für zukunftsfähige Arbeitsplätze in der Industrie brauchen wir den Wasserstoff in ausreichender Menge, bezahlbar und mit einer guten Infrastruktur dahinter", sagt Daniela Jansen, Projektleiterin Wasserstoffstrategie bei der IG Metall. Aber es geht auch um eine grundsätzliche Entscheidung: „Wir treffen die gesellschaftspolitische Grundentscheidung, wie wir in Zukunft produzieren, wie wir Menschen und Güter bewegen", erklärt Jürgen Kerner, geschäftsführendes Vorstandsmitglied und Hauptkassierer der IG Metall, der für das Thema Wasserstoff zuständig ist.

Die IG Metall sieht die Notwendigkeit, dass Branchen wie Stahl und andere Grundstoffindustrien, die chemische Industrie, der Maschinen- und Anlagenbau und die Mobilitätsbranche zusammendenken. Das will die IG Metall organisieren: „Wir werden das Thema Wasserstoff in unsere Betriebe tragen, mit den Belegschaften diskutieren und Netzwerke mit Wissenschaft, Unter nehmen und Politik knüpfen", erklärt Jansen das anstehende Vorgehen."[40]

Wasserstoff ist allerdings noch vielseitiger.

„Wichtigstes Element der Nutzung von Wasserstoff ist die Brennstoffzelle. Sie wandelt die im Wasserstoff enthaltene Energie in Wärme und Elektrizität um.

Nutzung im Haus

[...]Bei der häuslichen Stromerzeugung mittels Brennstoffzelle kann wie bei der Blockheizkraftwerktechnik auch eine Kraft-Wärme-Kopplung realisiert werden, die den Gesamtwirkungsgrad steigert. Da bei dieser Betriebsweise die Wärmeproduktion im Vordergrund steht, werden diese Systeme nach dem Wärmebedarf gesteuert, wobei der erzeugte überschüssige elektrische Strom in das öffentliche Stromnetz eingespeist wird.

Vaillant hat ein Brennstoffzellenheizgerät entwickelt, das über einen Reformer auch mit Erdgas betrieben werden kann.[...]

Der theoretisch erreichbare brennwertbezogene Wirkungsgrad liegt bei ca. 83 %.[...] Bezieht man den Wirkungsgrad, wie bei Wärmekraftwerken und Verbrennungsmotoren üblich auf den Heizwert, ergibt sich ein theoretisch maximaler Wirkungsgrad von ca. 98 %. Die angegebenen Systemwirkungsgrade liegen je nach Brennstoffzellentyp zwischen 40 % und 65 %, wobei unklar ist, ob diese brennwert- oder heizwertbezogen sind.[...]

---

40 Ebenda.

Nutzung im Verkehr

Ein mit Wasserstoff angetriebenes Fahrzeug besitzt i. A. einen Drucktank (z. B. 700 bar), der an einer Wasserstofftankstelle aufgetankt werden kann. Im Mai 2000 stellte BMW in Berlin die erste Serie von 15 Exemplaren eines Wasserstoffautos mit der Typenbezeichnung 750hL vor.[...] Als Methoden der Krafterzeugung ist entweder ein weitgehend herkömmlicher Verbrennungsmotor möglich, ähnlich dem Fahren mit Erdgas, oder eine „kalte Verbrennung" in einer Brennstoffzelle. Im Brennstoffzellenfahrzeug wird mit der Brennstoffzelle elektrischer Strom erzeugt, der einen Elektromotor antreibt.

Verbrennungsmotor

Als brennbares Gas kann Wasserstoff in einem Verbrennungsmotor („Wasserstoffverbrennungsmotor"), ähnlich wie bei Erdgasbetriebenen Kfz, verbrannt werden. Ein Beispiel dieser Anwendung war der BMW Hydrogen 7. BMW-Entwicklungsvorstand Klaus Draeger teilte jedoch Ende 2009 mit, es werde vorerst keine neue Wasserstofftestflotte geben.[...]

Brennstoffzelle

Im Brennstoffzellenfahrzeug wird mit der Brennstoffzelle elektrischer Strom erzeugt, der einen Elektromotor antreibt.

Auch in Bussen wird die Wasserstofftechnik erprobt. Die Wasserstoffbusse aus dem Jahr 2009 erreichten mit 35 kg Wasserstoff eine Reichweite von rund 250 km.[...] Es gibt inzwischen einige Busse, z. B. den Mercedes-Benz Citaro FuelCELL-Hybrid, die mit Brennstoffzellen arbeiten.

Brennstoffzellen-Autos sind wesentlich teurer als Elektro-Autos. Ein solches Fahrzeug wird nach Aussage von Fritz Henderson (CEO von General Motors) rund 400.000 $ kosten (Stand: 2009). [...] Die Fahrzeughersteller Toyota, Nissan, Mercedes-Benz und Honda haben nach eigenen Angaben die Produktionskosten für wasserstoffgetriebene Fahrzeuge inzwischen drastisch reduziert. (Der Toyota Mirai beispielsweise ist in Deutschland für knapp 80.000 € erwerbbar.) Toyota produziert H_2-Autos in Kleinserie und setzt im großen Stil auf die Brennstoffzelle.[...]

Mit dem Mercedes B-Klasse F-Cell sowie zwei Vorserienfahrzeugen des Hyundai ix35 Fuel Cell Electric Vehicle (FCEV) wurden Reichweiten von 500 km bei Maximalgeschwindigkeiten von 80 km/h erreicht.[...] Um die Alltagstauglichkeit des Wasserstoffantriebes nachzuweisen, hat Daimler eine „Weltumrundung" mit mehreren Brennstoffzellenfahrzeugen der B-Klasse erfolgreich abgeschlossen. 200 Serienfahrzeuge dieses Typs wurden 2010 an Kunden ausgeliefert.[...]

Mit der Technik des Hydrail seit 2005 sind auch die Schienenfahrzeuge in den Blickwinkel gekommen.[...] Als eine der ersten Firmen nahm die Japanische East Railroad Company zu Testzwecken eine Hybrid-Lok in Betrieb.[...] Ende 2017 wurden in Niedersachsen 14 Züge mit Brennstoffzellen-Antrieb beim Hersteller Alstom bestellt.[…]

Die Schweizerischen Bundesbahnen SBB führt seit Frühjahr 2014 in ihren rollenden Minibars mit Wasserstoff betriebene Brennstoffzellen ein, um genug Energievorrat für die eingebaute Espressomaschine unterwegs zu haben, die jetzt unterwegs auch den

Fahrgästen Cappuccino bieten kann. Die bisher verwendeten üblichen Akkumulatoren wären für diese energieaufwendige Aufgabe zu schwer gewesen.[...]"[41]

Es stellt sich die Frage, welchen Einfluss der Einsatz von Wasserstoff auf Umwelt- und Klimaschutz hat.

„Die Nutzung von erneuerbaren Energien ist oft klimaneutral und emissionsfrei. Bei Nutzung von **Biomasse und Holzverbrennung** können jedoch Schadstoffe entstehen. Zusätzlich können auch bei der Vergasung zu Wasserstoff oder bei der Nutzung des Wasserstoffs Luftschadstoffe entstehen, zum Beispiel Stickoxide bei magerer Verbrennung. Der Aufwand für Anbau, Gewinnung und Verarbeitung der Biomasse muss bei einer ökologischen Betrachtung berücksichtigt werden, sowie der Wirkungsgrad der Anlage bezogen auf den (theoretisch) maximalen Wirkungsgrad des jeweiligen Prozesses. Die Nutzung der Biomasse kann den Treibhauseffekt zusätzlich reduzieren: Entsteht bei der Herstellung von Wasserstoff CO_2 in konzentrierter Form, so kann dies im Untergrund gespeichert werden und dem Ökosystem so entzogen werden.

Die Einarbeitung von Bio-Koks in den Acker, das entsteht wenn man die Vergasung entsprechend steuert, kann den Acker fruchtbarer machen und ist als Terra preta bekannt.

2003 befürchteten Wissenschaftler des California Institute of Technology in Pasadena aufgrund von Simulationen, dass eine

41 Olzog, Kurt: Ausbau der Wasserstoffwirtschaft. S. 44-50. Zitat aus: https://de.wikipedia.org/wiki/Wasserstoffwirtschaft#Energetische_Nutzung_des_Wasserstoffs. Quellen und weiterführende Literatur befinden sich unter obiger Adressangabe im Literaturverzeichnis.

umfassende Wasserstoffwirtschaft rund 100 Million Tonnen Wasserstoff in die Atmosphäre freisetzen und damit die Ozonschicht schädigen könnte.[...]

Nach neueren wissenschaftlichen Untersuchungen des Forschungszentrums Jülich im Jahr 2010 wird dieser Effekt bei realistischen Annahmen aber verschwindend gering sein. Der positive Effekt durch Verzicht auf fossile Energieträger überwiegt. Ursprünglich wurde davon ausgegangen, dass ca. 20 % des Wasserstoffes in die Atmosphäre entweicht. Aufgrund der technologischen Entwicklung wird aber heute davon ausgegangen, dass weniger als 2 % entweichen. Hinzu kommt, dass der Wasserstoff seine volle Ozon schädigende Wirkung nur im Beisein von FCKW entfaltet. Mit dem Rückgang des FCKW in den nächsten Jahren wird der Wiederaufbau der Ozonschicht überwiegen.[...]"[42]

Welche **Unfallrisiken** sind mit dem Einsatz von Wasserstoff verbunden?

„Wasserstoff ist, wie z. B. Benzin oder Erdgas, hochentzündlich. Bei technischen Anlagen müssen die spezifischen Eigenschaften des Wasserstoffs berücksichtigt werden. Die chemische Industrie nutzt Wasserstoff seit über hundert Jahren in großen Mengen, sodass hinreichende Erfahrungen im Umgang mit Wasserstoff bestehen.[...]

Wasserstoff ist wegen der geringen Dichte ein sehr flüchtiges Gas. Im Freien kann es sich sehr schnell in höhere Luftschichten ver-

---

42 Ebenda. Zitat aus: Wasserstoff als Ozonkiller? (Quelle: Umweltdialog.de Mediengruppe macondo Stand: 30. September 2003). Wasserstoff ist keine Gefahr für die Ozonschicht (Quelle: Energie Agentur NRW Stand: 25. Februar 2010)

flüchtigen.[…] Allerdings sind auch reale Unfälle bekannt, in denen sich entzündliche Wasserstoffgemische am Boden ansammelten, denn Sauerstoff/Wasserstoff-Gemische mit einem Anteil von unter 10,5 Volumenprozent Wasserstoff sind schwerer als Luft und sinken zu Boden. Die Entmischung erfolgt nicht unmittelbar, [...] sodass bis zur Unterschreitung der 4-Volumenprozent-Grenze die Zündfähigkeit erhalten bleibt. Beim Umgang mit Wasserstoff müssen Sicherheitsvorschriften und Entlüftungsanlagen dieses Verhalten berücksichtigen.

Die heute verwendeten Drucktanks halten (im Gegensatz zu Benzintanks) auch schwere Unfälle unbeschadet aus.[...] Wasserstofffahrzeuge mit Drucktanks können problemlos in Parkhäusern und Tiefgaragen geparkt werden. Es existiert keine gesetzliche Bestimmung, die das einschränkt.

Im Gegensatz dazu dürfen Fahrzeuge mit Flüssigwasserstoff nicht in geschlossenen Räumen abgestellt werden, da sich durch das Ausgasen explosive Gasansammlungen bilden können."[43]

---

43 Ebenda. Quellen und weiterführende Literatur befinden sich unter obiger Adressangabe im Literaturverzeichnis.

4. Ersatz fossiler Rohstoffe

CO_2-Emissionen aus fossilen Brennstoffen und Zementproduktion

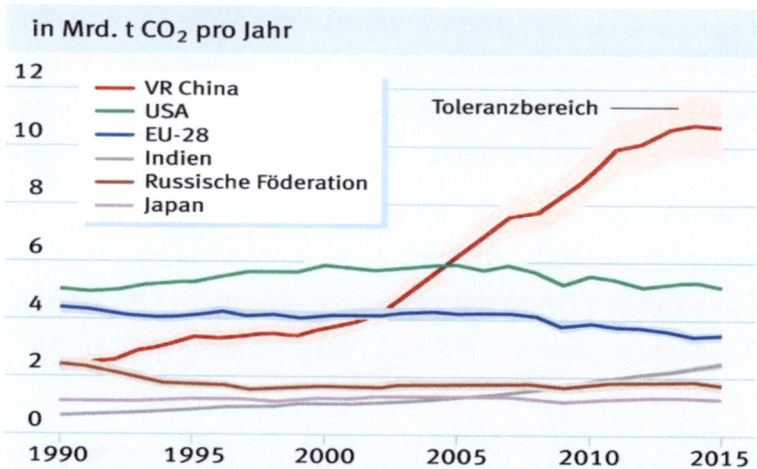

Quelle: Emissions Database for Global Atmospheric Research 2017

CO_2 ist dasjenige Gas, „das am meisten zur Klimaerwärmung beiträgt. Wenn wir nur den anthropogenen Treibhauseffekt betrachten, so trägt CO_2 55% dazu bei, CH_4 17%, tropo- sphärisches Ozon 14%, FCKW/HFCKW 9% und N_2O 5%. Auf der folgenden Seite veranschaulicht ein Diagramm die Größen- ordnung der verschiedenen Treibhausgase. Man weiß heute, dass Aerosole aus der Verbrennung fossiler Energieträger und aus Biomasse entstehen, die Solarstrahlung stärker reflektieren und dadurch potentiell abkühlend auf das Erdklima wirken. Das ermäßigt die Klimaerwärmung um rund 20%".[44]

---

44 Olzog, Kurt: Gletscherschmelze und Meeresspiegel.Norderstedt 2020, S. 56f. Abbildung aus: Der neue Fischer Weltalmanach 2018, S. 695.

Beitrag einzelner Gase zum anthropogenen Treibhauseffekt

Heutige Störung der Strahlungsbilanz im Vergleich zu 1750

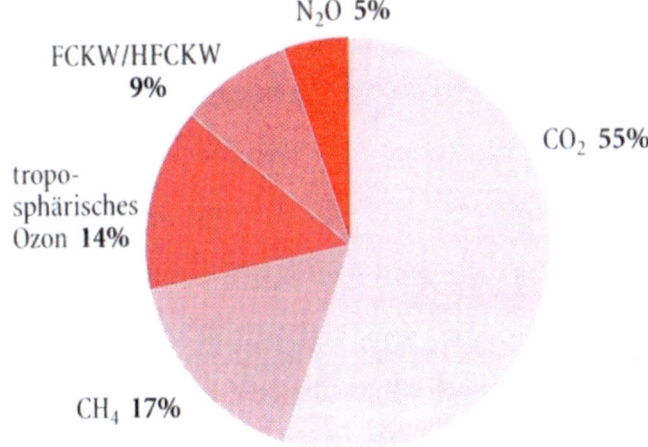

N$_2$O 5%

FCKW/HFCKW 9%

tropo-
sphärisches
Ozon 14%

CO$_2$ 55%

CH$_4$ 17%

Quelle: Intergovernmental Panel on Climate Change (IPCC), 1995 [45]

„Obwohl die Auswirkungen der Gletscherschmelze auf den weltweiten Meeresspiegel messbar sind und die betroffenen Länder zu Schutzmaßnahmen nötigen, will die derzeitige Politik nur langsam aus der Kohleverstromung aussteigen. Während die befragten Klimaforscher einen möglichst raschen Ausstieg aus der Kohleverstromung fordern, beispielsweise bis zum Jahr 2030, will die deutsche Politik sich Zeit lassen bis 2038, aus Angst vor dem Strukturwandel und vor schwindenden Wählerstimmen.

Dabei wurde durch die Förderung erneuerbarer Energien wie Wind- und Sonnenenergie in Deutschland allmählich ab den 1990er-Jahren ein Anteil von 4,7% am Primärenergieverbrauch

---

45 Ebenda, S. 57. Abbildung entnommen aus: Der Fischer Weltalmanach 1997, S. 1120f.

erreicht. Einige „Jahre später ergab sich für die Stromerzeugung nach Energieträgern in Deutschland ein erheblich differenzierteres Bild:

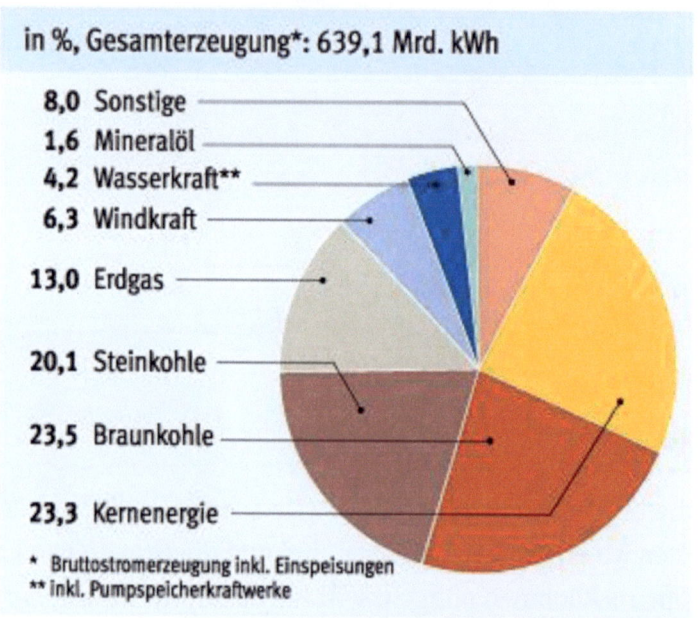

Deutschland: Stromerzeugung nach Energieträgern 2008

in %, Gesamterzeugung*: 639,1 Mrd. kWh

- 8,0 Sonstige
- 1,6 Mineralöl
- 4,2 Wasserkraft**
- 6,3 Windkraft
- 13,0 Erdgas
- 20,1 Steinkohle
- 23,5 Braunkohle
- 23,3 Kernenergie

* Bruttostromerzeugung inkl. Einspeisungen
** inkl. Pumpspeicherkraftwerke

Quelle: Arbeitsgemeinschaft Energiebilanzen 2009

Wasserkraft und Windenergie erreichten zusammen rund 10,5 % Anteil an der Stromerzeugung. Hinzu kommen 8 % Sonstige, wie Photovoltaik, Biogas etc."[46] Sechs Jahre später wurde die Braunkohle bereits als wichtigster Energieträger von den Erneuerbaren abgelöst. Während Braunkohle im Jahr 2014 nur 25,4% zur

---

46 Ebenda, S. 57f. Abbildung aus: Der Fischer Weltalmanach 2010, S. 703.

Stromerzeugung beitrug, bewältigten die erneuerbaren Energieträger gar 26,1%."[47] Inzwischen wird sogar 50 % des Stroms in Deutschland von erneuerbaren Energieträgern geliefert.

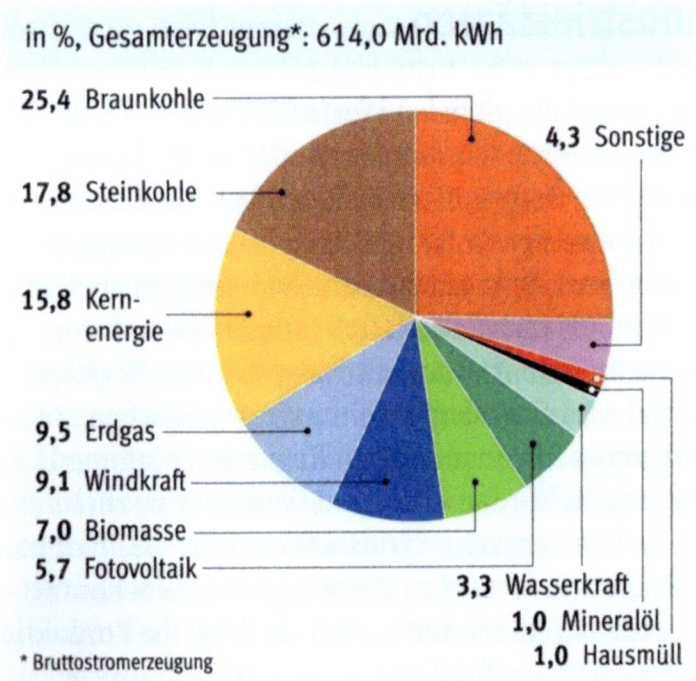

Deutschland: Stromerzeugung nach Energieträgern 2014

in %, Gesamterzeugung*: 614,0 Mrd. kWh

25,4 Braunkohle

17,8 Steinkohle

15,8 Kernenergie

9,5 Erdgas

9,1 Windkraft

7,0 Biomasse

5,7 Fotovoltaik

4,3 Sonstige

3,3 Wasserkraft

1,0 Mineralöl

1,0 Hausmüll

* Bruttostromerzeugung

Quelle: AG Energiebilanzen 2015

Auch international ergibt sich eine Steigerung des Anteils erneuerbarer Energieträger an der Stromerzeugung. Das zeigt das Diagramm auf der folgenden Seite. Hier ist Europa mit Russland am weitesten fortgeschritten. Darauf folgen Mittel- und Südamerika, Nordamerika, Asien und Ozeanien, Afrika, und ganz am unteren

---

47 Ebenda, S. 59, mit Abbildung aus: Der neue Fischer Weltalmanach 2016, S. 667.

Ende folgt der Nahe Osten mit Saudi-Arabien und den angrenzenden Ölstaaten. Man bettelt dort um Subventionen, weil der Wertverlust des Erdöls inzwischen fühlbar wird. Die Idee der Wissenschaft ist, Wasserstoff als klimaschützenden Rohstoff und Ersatz für fossile Energierohstoffe einzusetzen.

Ein Beispiel bietet das erste Kapitel ab Seite 19 mit der Kleinstadt Haßfurt.[48] Dort wird mit Windrädern und Fotovoltaik mehr als doppelt so viel Strom erzeugt, wie benötigt wird. Mit dem überschüssigen Strom wird mit Hilfe der Elektrolyse „Wasser in seine Bestandteile Wasserstoff und Sauerstoff zerlegt. Die Gase werden nun in geeigneten Tanks gelagert und bei Strommangel in Brennstoffzellen zu Wasser vereinigt, wobei sie die Verbrennungsenergie in Form von elektrischem Strom abgeben. Diese Technik ist erprobt und wird für den großtechnischen Einsatz zur Zeit weiterentwickelt."[49]

---

48 Olzog, Kurt: Ausbau der Wasserstoffwirtschaft. S. 19ff.
49 Olzog, Kurt: Energiewende im Klimawandel. S. 74f.

Anteil erneuerbarer Energieträger* an Stromerzeugung nach Regionen 50

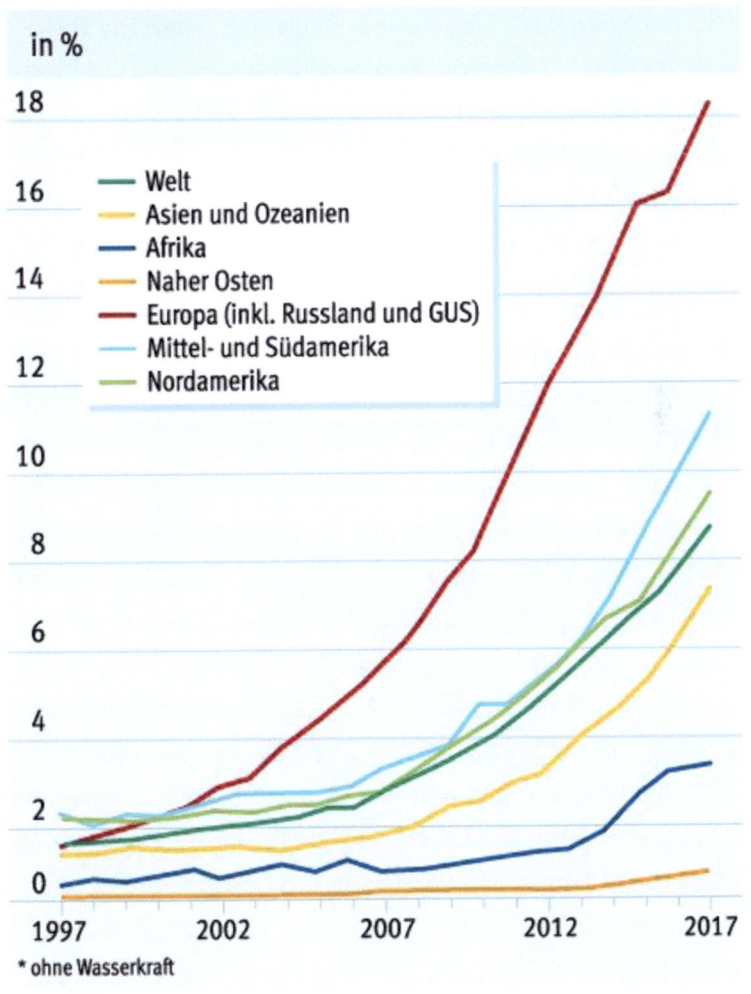

in %

- Welt
- Asien und Ozeanien
- Afrika
- Naher Osten
- Europa (inkl. Russland und GUS)
- Mittel- und Südamerika
- Nordamerika

1997   2002   2007   2012   2017

* ohne Wasserkraft

Quelle: BP 2018

50 Olzog, Kurt: Gletscherschmelze und Meeresspiegel, S. 62.
Diagramm aus: Der neue Fischer Weltalmanach 2019. S. 681.

„Den Stand der Entwicklung beschreibt Katja Scherer in einem Artikel in der Wochenzeitung DIE ZEIT Nr. 18 vom 29. April 2015 auf Seite 31.[51] Unter der Schlagzeile „**Rein ins Rohr**" mit dem Untertitel „Wenn die Sonne scheint und der Wind weht, wird zuviel Strom produziert, sonst zu wenig. Helfen könnte das Gasnetz, wenn man es in einen Speicher verwandelt", steht als Zusammenfassung: „**50** Terawattstunden Strom aus erneuerbaren Energien müssen 2050 womöglich gespeichert werden – dreimal mehr als 2020. Das Gasnetz könnte dabei helfen."[52]

Ein Container in Frankfurt am Main im Industriegebiet enthält eine Testanlage dieser Elektrolysetechnologie. Das Herzstück ist der PEM-Elektroliseur, eine Protonen-Austausch-Membran. „Sie ermöglicht es, aus Wasser mithilfe von Strom Wasserstoff zu gewinnen, also elektrische Energie in chemisch gebundene umzuwandeln. Das Wasserstoff-Gas wird so zu einer Art Stromspeicher. Power-to-Gas nennt sich dieses Verfahren."[53] Damit werde es möglich, auch große Mengen an überschüssiger erneuerbarer Energie zu speichern. „Nach Berechnungen der Thüga wird der Speicherbedarf für erneuerbare Energien im Jahr 2020 bei 17 Terawattstunden liegen und bis 2050 auf rund 50 Terawattstunden anwachsen. Damit die Energiewende funktionieren kann, braucht Deutschland langfristig Verfahren, um den aus regenerativen Quellen erzeugten Strom zu speichern. Das bestehende Gasnetz der Versorger soll Abhilfe schaffen: Seine jährliche Speicherkapazität ist laut Thüga viermal so groß wie der Bedarf 2050. Mithilfe von Power-to-Gas könnte es wie ein Schwamm jene

---

51 Scherer, Katja: Rein ins Rohr, in: DIE ZEIT Nr. 18, Hamburg 2015, S. 31
52 Ebenda
53 Ebenda

Energie aufsaugen, die sonst ungenutzt versickern würde – und sie wieder abgeben, wenn im Stromnetz zu wenig davon da ist."[54]

Für die Einspeisung in das Frankfurter Erdgasnetz „gibt es allerdings strenge Auflagen: Der Anteil von Wasserstoff im Gasnetz darf laut Gesetzgeber nicht höher sein als zwei Prozent. Dadurch soll verhindert werden, dass irgendwo in Frankfurt plötzlich eine Erdgastankstelle in die Luft fliegt, denn Wasserstoff gilt als entzündlich.

Eine andere Möglichkeit, das Power-to-Gas-Verfahren zu nutzen, ist daher die Weiterverarbeitung des Wasserstoffs zu **Methan**. Dieses hat ähnliche chemische Eigenschaften wie herkömmliches Erdgas und kann daher unbegrenzt ins Gasnetz eingespeist werden."[55] „Mit dem aus erneuerbarer Energie gewonnenen Methan könnten auch Erdgasautos betankt werden […] Der Praxistest läuft bereits: Der Autohersteller Audi betreibt seit 2013 eine Pilotanlage im niedersächsischen Werlte."[56]

---

54 Ebenda, Thüga: Thüringer Gas
55 Ebenda
56 Ebenda, mit Abbildung.
    Vgl. Olzog, Kurt: Energiewende im Klimawandel. S. 75ff.

Aus Strom mach Gas: Das ist die Idee der neuen Technik. Hier eine Demonstrationsanlage auf dem Werksgelände der Mainova AG in Frankfurt

Mit weitaus höherem Wirkungsgrad nutzen alternative Antriebskonzepte die Verbrennung von Wasserstoff zu Wasser in einer Brennstoffzelle. Auf dem Markt sind bereits Omnibusse mit Brennstoffzellenantrieb verfügbar, die rein elektrisch fahren. Außerdem kann man seit 2015 PKW mit Brennstoffzellenantrieb kaufen. Es gibt aber noch viel zu wenige Wasserstofftankstellen, so dass Privatkunden noch sehr zögern, sich einen solchen PKW zuzulegen.[57]

Bei der Weiterverarbeitung des Wasserstoffs zu **Methan** wird unter Energieeinsatz CO_2 mit vier Molekülen H_2 zu CH_4 verarbeitet. Dabei werden zwei Moleküle H_2O frei. Als Formel:

---

57   Vgl. Olzog, Kurt: Energiewende im Klimawandel. S. 77.

$CO_2 + 4H_2 \rightarrow CH_4 + 2H_2O$. Kohlenstoffdioxid reagiert mit Wasserstoff zu Methan und Wasser.

„Das farb- und geruchlose, brennbare Gas kommt in der Natur vor und ist der Hauptbestandteil von Erdgas. Es dient als Heizgas und ist in der chemischen Industrie als Ausgangsprodukt für technische Synthesen von großer Bedeutung.

Als Treibhausgas hat Methan ein hohes Treibhauspotential und trägt zur globalen Erwärmung bei. In der Erdatmosphäre wird es zu Kohlenstoffmonoxid und schließlich zu Kohlenstoffdioxid oxidiert. Die Kohlendioxidemissionen bei Verbrennung betragen 2,74 kg CO_2/kg Methan.

Die Verbrennung erfolgt mit bläulich-heller Flamme in Gegenwart von ausreichend Sauerstoff zu Kohlenstoffdioxid und Wasser. Methan ist in Wasser unlöslich und bildet mit Luft explosive Gemische. Da es in Lagerstätten in großen Mengen vorkommt, ist es eine attraktive Energiequelle. Der Transport erfolgt durch Pipelines oder als tiefgekühlte Flüssigkeit mittels Tankschiffen. Daneben gibt es als Methanhydrat gebundene Vorkommen am Meeresboden, wobei der genaue Vorrat unbekannt ist. Weiterhin entsteht das Gas in beträchtlichen Mengen durch biologische Prozesse, etwa bei der Viehhaltung."[58]

„Heute wird auch viel Methan als Brennstoff in Biogasanlagen hergestellt. Auch durch Holzvergasung kann Methan gewonnen werden. Die Methanisierung nach vorhergehender Wasserelektrolyse ist das Grundprinzip zur Gewinnung von Wind- oder

---

58 https://de.wikipedia.org/wiki/Methan. Mit Strukturformel auf der nächsten
    Seite.

Solargas, dem im Bereich der regenerativen Energien eine zunehmende Bedeutung zugeschrieben wird."[59]

```
        H
        |
H  –  C  –  H    (Strukturformel für Methan)
        |
        H
```

Es liegt auf der Hand, dass es bei Energiebedarf aus Gesichtspunkten des Klimawandels besser ist, Wasserstoff direkt in Brennstoffzellen zu nutzen. Nur in der chemischen Industrie ist Methan von größerer Bedeutung.

In einer Übergangsphase, sobald die Nutzung fossiler Energierohstoffe beendet ist, kann Wasserstoff direkt oder in Form von Methan beispielsweise noch zur Wohnungsheizung oder als Treibstoff für Schiffe, Kraftwagen und Flugzeuge eingesetzt werden.

In der Wochenzeitung DIE ZEIT No 47 vom 12. November 2020 auf Seite 39 schreibt Stefan Schmitt einen Beitrag unter dem Titel „Ein Lichtblick für die ganze Welt" und dem Untertitel „Joe Biden will nicht nur zurück zum Paris-Abkommen, er strebt sogar Klimaneutralität an. Damit wären die USA in guter Gesellschaft. Denn gerade bewegt sich im Klimaschutz soviel wie seit Jahren nicht mehr"[60]

Der Wahlsieg von Joe Biden hat in der freien Welt Erleichterung ausgelöst. Joe Biden „hat angekündigt, unter seiner Führung

---

59 Ebenda. Mit Strukturformel.
60 Schmitt, Stefan: Ein Lichtblick für die ganze Welt. In: DIE ZEIT No 47 vom 12. November 2020, S. 39.

würden die USA zum Klimaabkommen von Paris zurückkehren. Außerdem solle das Land bis zum Jahr 2050 klimaneutral werden, also in der Bilanz keine Treibhausgase mehr emittieren.

„Joe Bidens Ankündigungen sind definitiv bedeutsam. Und die wichtigste Botschaft ist, dass die stärkste Volkswirtschaft sich an der wissenschaftlichen Erkenntnis ausrichtet", sagt Johan Rockström, Direktor des Potsdam-Instituts für Klimafolgenforschung (PIK). „Die Rückkehr zum Abkommen von Paris ist am wichtigsten für die internationale Dynamik", findet Brigitte Knopf, Generalsekretärin des Berliner Mercator Research Institute on Global Commons and Climate Change (MCC). „Wer weiß, was im Falle einer zweiten Trump-Amtszeit geschehen wäre, ob sich da nicht auch andere Staaten vom Klimaschutz abgewandt hätten, zum Beispiel Brasilien!"

Eine bedeutungsschwere Geste ist die Rückkehr in den Kreis der rund 190 Unterzeichnerstaaten allemal. Knopf nennt drei Indikatoren, an denen man das Engagement des neuen alten Klimavertragsmitglieds ablesen kann: erstens, ob es diplomatisch wieder eine Führungsrolle anstreben wird. Zweitens, ob die USA sich auch wieder an der Finanzierung beteiligen wird (momentan überweisen sie etwa keine Beiträge zum Green Development Fund für die ärmsten Länder). Und drittens, zu welchen Reduktionszielen sich die Amerikaner im kommenden Jahr verpflichten werden.

Im November 2021 treffen sich die Vertragsstaaten im schottischen Glasgow nämlich zur nächsten UN-Klimakonferenz. Die Länder müssen dort dann erklären, welche Emissionsminderungen sie in einer Fünfjahresperiode erreichen wollen. Die Einsparziele der Amerikaner für das Jahr 2025 stammen noch aus der Obama-Zeit und gelten inzwischen als unzureichend, für den Zeitraum bis 2030 hat die Trump-Regierung erst gar keine abgegeben.

Natürlich erzeugt die Euphorie über Bidens Ankündigungen ein Ja-aber: Was wird er überhaupt umsetzen können, sollten die Republikaner am Ende die Mehrheit im Senat haben und sich dort gegen mehr Klimaschutz stemmen?

Brigitte Knopf sagt: „Eine pragmatische Lösung könnte sein, die Corona-Hilfen zur Ankurbelung der Wirtschaft mit starken Anreizen für mehr Klimaschutz zu versehen." Im Oktober hatten Forscher um Marina Andrijevic von der Berliner Humboldt-Universität in *Science* aufgelistet, dass die weltweit aufgelegten Stimulus-Pakete um Dimensionen größer seien als beispielsweise die nötigen Investitionen in saubere Energieträger. Die Analysten der Strategieberatung Vivid Economics hatten im September eklatante Unterschiede in der Umweltwirkung nationaler Pakete festgestellt (das US-amerikanische schnitt dabei viel schlechter ab als das deutsche und als jenes der EU). Viel Luft nach Oben also für die neue US-Regierung.

Historisch wird Bidens angekündigte Klimaschutzwende durch das Ziel, zur Jahrhundertmitte Klimaneutralität zu erreichen. Das sei, so erklärt PIK-Direktor Rockström, was der Weltklimarat für notwendig halte, um mit einer Zweidrittelwahrscheinlichkeit die globale Erwärmung auf höchstens zwei Grad bis zum Ende des Jahrhunderts zu begrenzen. „Und es bedeutet, dass Staaten ihre Emissionen bis 2030 halbieren müssen, minus sieben Prozent im

Jahr" – was gleichermaßen die Dringlichkeit wie die Dimension eines Nullemissionsziels deutlich macht.

Das Solarkraftwerk Ivanpah in der Mojave-Wüste: Mit Sonnen- und Windkraft wird 2024 mehr Strom erzeugt als aus Kohle (Ausschnitt). Foto: Craig Coker/Shutterstock

Längst ist es Gegenstand realer Politik. Ende 2019 hatte die EU die Klimaneutralität zur Jahrhundertmitte als Ziel formuliert, im September kam China hinzu (wenngleich Präsident Xi Jinping von „vor 2060" sprach). Darauf reagierten Japan und Südkorea, die Nullemissionen bis 2050 anstreben. Europa, die drei größten Volkswirtschaften Ostasiens, dazu viele kleine Staaten, die sich dem Ziel verpflichtet haben: Wären auch die Amerikaner dabei, machte das zwei Drittel der Weltwirtschaft aus. Experten versprechen sich davon eine enorme Steuerwirkung. „Jeder Manager in jeder Firma muss sich also auf dramatische Veränderungen binnen der nächsten 30 Jahre einstellen", sagt Rockström. „Ich prognostiziere, dass sich dies auf die Bereitschaft aller Banken auswirken wird, Geld für Projekte mit fossilen Brennstoffen zu verleihen." In dem Trio EU, China und USA sieht er schon „eine G3 für den Klimaschutz".

Neben aller Symbolkraft einer solchen Klimakoalition, der internationalen Sogwirkung und dem daraus resultierenden Wettbewerb um saubere Technologien wirkt sich das Bekenntnis zu Nullemissionen auch auf die Temperaturprognosen aus.

Forscher des Climate Action Tracker um Niklas Höhne präsentierten am Wochenende eine Rechnung, wonach allein die USA mit Bidens Plänen die erwartete globale Erwärmung bis zur Jahrhundertwende um ein zehntel Grad Celsius mindern würden. Im September hatten sie berechnet, dass Chinas Ambitionen bei allen Unsicherheiten solcher Kalkulationen zwischen zwei und drei zehntel Grad weniger Erderhitzung bedeuten.

Für den Laien mag das marginal klingen, Niklas Höhne findet das US-Ziel „bahnbrechend". Nicht weil es das erste wäre oder besonders originell, sondern wegen des Gegenteils: „Es gibt eine richtige Welle bei der Klimaneutralität bis zur Jahrhundertmitte", sagt er. Mit den Amerikanern wäre es eine Welle, auf der alle anderen mitsurfen müssten.

So könnte sich die US-Wahl als ein entscheidender Wendepunkt erweisen, und zwar als positiver. Höhne vergleicht die neue Dynamik mit einem Jahrzehnt der Stagnation: „Wir machen den Climate Action Tracker seit mehr als zehn Jahren, und lange war das ein frustrierendes Geschäft. Um wie viel wärmer würde die Erde, wenn alle angekündigten Maßnahmen umgesetzt würden? Das Thermometer stand jahrelang bei etwa 2,7 Grad Celsius, weil die Staaten nicht ambitioniert genug waren. Auch nach Paris nicht. Aber in den letzten Monaten hat sich das geändert.""[61]

---

61 Ebenda, mit Abbildung.

5. Fliegen mit grünem Wasserstoff

Flugzeuge verwenden in der Regel für den Antrieb ihrer Turbinen Kerosin, das einen hohen Energiegehalt hat. Mittlerweile kann man nonstop mit einer Tankfüllung um den halben Globus fliegen. Es wurden in den letzten Jahren immer sparsamere Flugzeuge entwickelt. Man konnte in der Presse lesen, dass der gesamte Flugverkehr in den Jahren bis 2019 nur etwa zwei Prozent des weltweiten CO_2-Ausstoßes zu verantworten hatte, soviel wie Deutschland in der selben Zeit. Nun sind wir allerdings in einer Lage, die uns nötigt, dass jedes kleine Land und jede einzelne Industrie ihren CO_2-Ausstoß verringern muss, um die Erderwärmung in Schranken zu halten, die den Erdbewohnern ein erträgliches Überleben ermöglichen.

Für den Flugverkehr zeichnet sich eine brauchbare Lösung ab. Für kurze bis mittlere Strecken bietet sich Methan an, das sauberer verbrennt als Kerosin. Wir nutzen Methan momentan als Heizgas im Winter, außerdem in mit Gas betriebenen PKW. Einen größeren Anteil dieses Gases beziehen wir aus Russland, aber das muss nicht so bleiben. Gesetzt der Fall, dass weitere Windparks vor Europas Küsten errichtet werden, wird es häufig ein Überangebot an sauberem Strom geben, den wir gleich an der Küste in großen Elektrolyseuren in Wasserstoff speichern können. Diesen Wasserstoff können wir nach Bedarf mit Hilfe von CO_2 aus der Luft in CH_4, also Methan, umwandeln, und mit diesem sauber hergestellten Methan könnten wir mit entsprechend angepassten Flugzeugen fliegen.

Inzwischen gibt es erste Tests mit elektrisch fliegenden Zubringer-diensten, die wenig Lärm veranstalten und gar keine Schadstoffe ausstoßen. Natürlich sind die Akkus noch recht schwer, aber für kurze Reichweiten genügen sie.

Für längere Reichweiten käme Wasserstoff mit Brennstoffzellen-Antrieb in Frage. Für die Startphase nutzt man die Starterbatterie bzw. die Akkus, die ausreichend Energie liefern. In der Flughöhe nutzt man den Brennstoffzellen-Antrieb für den geringeren Energieaufwand. In der Landephase lässt man das Flugzeug gleiten. Die Rotoren dürfen durch den Luftstrom passiv mitlaufen und dabei die Akkus wieder aufladen für den nächsten Startvorgang oder für den Fall, dass Durchstarten nötig ist. Bei Bedarf können die Brennstoffzellen mithelfen, die Akkus zu laden.

In der Startphase wird man es als angenehm empfinden, dass es keine Geruchsbelästigung durch Kerosin oder Methan gibt. In der Tat werden keine Schadstoffe frei, denn als Produkt der Stromerzeugung durch die Brennstoffzellen entsteht nur Wasserdampf. Die Kondensstreifen werden uns erhalten bleiben, aber ohne den Zusatz von Kohlendioxid. Die Kondensstreifen haben zudem den angenehmen Effekt, dass sie die Sonnenstrahlung ein wenig in den Weltraum reflektieren und dadurch die Erderwärmung ein wenig verlangsamen.

Eine Voraussetzung für eine solch positive Entwicklung ist, dass der benötigte Wasserstoff mittels Strom aus erneuerbaren Energien erzeugt wird. Wie erwähnt, muss es ausreichend Solarstrom und Strom aus Windenergie geben, um per Elektrolyse Wasser in Wasserstoff und Sauerstoff zu trennen.

Wasserstofftanks sind inzwischen sicherer als Benzintanks oder Kerosintanks, so dass in Flugzeugen der Gebrauch von Wasserstoff völlig unproblematisch ist. Die Frage der Reichweite steht hier im Vordergrund. Vermutlich liegt der Schlüssel darin, dass der Luftwiderstand und die Geschwindigkeit austariert werden müssen. Wie bisher wird man mit Rückenwind schneller vorankommen als bei Gegenwind, wobei man bei Gegenwind und ausreichender Flughöhe mehrere Gleitflugpassagen einbauen kann.

Hier ist noch viel Spielraum für Austarieren und Arbeiten mit künstlicher Intelligenz (KI).[62]

In meinem letzten Buch „Ausbau der Wasserstoffwirtschaft" habe ich für interessierte Leser kurz den derzeitigen Stand der Forschung über KI beschrieben. Die Entwicklung auf diesem Gebiet geht rasch voran im Verein mit immer leistungsfähigerer Hardware. In Flugzeugen müssen allerdings speziell „gehärtete" Chips eingebaut werden, die gegen kosmische Strahlung immun sind, wie beispielsweise in der ISS (International Space Station im Erdorbit). Es gibt seit längerer Zeit ausgeklügelte Fehlerkorrekturmechanismen, die dafür sorgen, dass durch kosmische Strahlung erzeugte Fehler korrigiert oder zumindest erkannt werden (ECC= Error Correction Code). Solche Korrektureinheiten werden seit Jahren in unseren Servern weltweit eingebaut.

„Wasserstoffdrohne fliegt enorm lang" ist der Titel eines Beitrags in der Computerzeitschrift c't 2020, Heft 25, Seite 38 unter der Rubrik Aktuell / Forschung. Dort führt der Autor mit dem Kürzel

---

62 Olzog, Kurt: Ausbau der Wasserstoffwirtschaft. Norderstedt 2020, S. 69-79.

agr@ct.de den folgenden Bericht aus: „Ein Forscherteam der TU Delft hat eine Drohne entwickelt, die senkrecht startet und landet, dann aber mit starren Tragflächen stundenlang in der Luft unterwegs sein kann, ohne aufzutanken. Möglich machen das **ein Wasserstofftank und eine Brennstoffzelle**, die 800 Watt erzeugt. Diese lädt die Batterien, die vor allem bei Starts und Landungen ihre volle Energie benötigen, während des Fluges wieder auf. Die Drohne wiegt insgesamt 13 Kilogramm und umfasst einen 6,8-Liter-Hochdrucktank aus Kohlefaser-Verbundstoff. Zwölf Propeller erzeugen soviel Leistung, dass das Fluggerät auch von kleinsten Flächen starten und landen kann. Damit wagten sich die Forscher des Micro Aerial Vehicle Lab (MAVLab) der TU Delft in Kooperation mit der niederländischen Marine an Tests auf hoher See, ein Gebiet, in dem Drohnen bisher nur sehr eingeschränkt zum Einsatz kommen. Die neue Drohne blieb in ersten Einsätzen über dem offenen Meer bereits bis zu dreieinhalb Stunden in der Luft."[63]

Die neue Wasserstoffdrohne ist ein Sektrechtstarter mit Treibstoff für viele Stunden über der offenen See.

---

63 agr@ct.de: Wasserstoffdrohne fliegt enorm lang. In: c't 2020, Heft 25, S. 38, mit Abbildung.

Fliegen mit Wasserstoff wird also inzwischen erfolgreich getestet. Wie sieht es aber mit dem Warentransport über die Weltmeere und die Autobahnen aus? Die Container- und Tankschiffe werden zur Zeit durch das dreckigste aller Öle, durch Schweröl, angetrieben. Sogar die Kreuzfahrtschiffe fahren mit Schweröl und müssen im Hafen an Starkstromleitungen angeschlossen werden, damit die dreckigen Dieselmotoren ausgeschaltet werden können, um die Anwohner in Hafennähe nicht einzunebeln. Hier könnte man leichter als beim Fliegen auf Wasserstoff umstellen. Wenn man grünen Wasserstoff nutzen möchte, bräuchte man allerdings ein mehrfaches an erneuerbaren Energien, als wir bisher gewinnen.

Von politischer Seite müssten Maßnahmen ergriffen werden, die dazu führen, dass weitere Windfarmen offshore und onshore installiert werden, die größere Elektrolyseure versorgen, sowohl gleich an der Küste, als auch an den großen Flüssen. Wasserstoff müsste über Rohrleitungen verteilt werden, um an Land den Schwerlastverkehr zu versorgen und um all die jetzt noch fehlenden Wasserstofftankstellen zu beliefern. Gleichzeitig müsste grüner Strom über oder unter Land verteilt werden, damit solche Industrien unterstützt werden können, die auf riesige Energiemengen angewiesen sind. Wir können uns auch Gleichstromkabel über größere Distanzen leisten und erlauben. Hilfreich wäre es, dabei auch die Bevölkerung einzubeziehen, damit der lokale Widerstand sich im Rahmen hielte.

Bisher sieht die mobile Welt folgendermaßen aus: „In einem der größten Häfen der Welt, in Shanghai, werden in einem Jahr mehr als 30 Millionen Container bewegt. Die Containerschiffe der Triple-E-Klasse [...] sind 399 Meter lang, 59 Meter breit und haben einen Tiefgang von fast 16 Metern. Sie können mehr als 18.000 Container laden. Die über 18.000 PS starken Maschinen sorgen dafür, dass der Riese mit 37 Stundenkilometern durch die Ozeane pflügt."[64] Die Autoren führen weiter aus, dass ein Flug in die USA vor einigen Jahrzehnten noch etwas besonderes war. Heutzutage könne man zum Shopping nach New York fliegen, mit Billigfliegern ein preisgünstiges Vergnügen.

„Ob zum Shoppen, zum Konzert, zum Arbeiten oder ab in den Urlaub, es ist längst *normal* geworden, dass wir uns auf dem Planeten völlig frei, sehr schnell und oft auch preisgünstig bewegen. Wir haben uns in einem Ausmaß mobilisiert, das in den Sechzigerjahren noch nicht vorstellbar war."[65]

Die *Maersk Elba*[66]

---

64 Lesch, Harald, Kamphausen, Klaus: Die Menschheit schafft sich ab. München/Grünwald,4. Aufl. 2017, S. 379.
65 Ebenda, S. 379f.
66 Abbildung: https://de.wikipedia.org/wiki/Maersk-Edinburgh-Klasse#/media/Datei:Maersk_Elba.JPG

Bedingt durch die Corona-Pandemie ist die Weltwirtschaft allerdings deutlich eingebrochen. Dadurch wird momentan weniger geflogen und der Warenverkehr hat ein wenig nachgelassen. Von Seiten des Klimaschutzes kann man das begrüßen. Man könnte die Gelegenheit nutzen, um Flugzeuge und Schiffe auf den Energielieferanten Methan umzurüsten, wobei das Methan zunehmend aus grünem Wasserstoff und Kohlenstoffdioxid erzeugt wird.

Mittels Brennstoffzellen, Akkus und Wasserstofftanks könnte man sogar Flugzeuge, Schiffe, LKW und Lokomotiven (auf Strecken ohne Oberleitung) elektrifizieren, so dass, wie oben beschrieben, die Lärmbelästigung abnähme und der Schadstoffausstoß ganz verschwände. Die Entwicklung wird Zeit und Aufwand bedeuten, aber man hat schon damit begonnen.

„Elektrische Antriebssysteme ermöglichen es, Flugzeuge neu zu konfigurieren und damit mittel- bis langfristig neue Marktsegmente zu erschließen. Damit dies zu reduzierten Emissionen von Abgasen und Lärm führt, sollte die gesamte Wertschöpfungskette nachhaltig gestaltet sein. Insbesondere gilt es, die elektrische Energie möglichst emissionsarm zu erzeugen und die Speichermaterialien belastungsarm zu gewinnen. Dann stellen Elektrifizierung und Hybridisierung eine Alternative dar zur kontinuierlichen Weiterentwicklung der Gasturbine und zu alternativen Kraftstoffen. Synergien ergeben sich dabei, weil ein hybridelektrisches Flugzeug auch von einer verbesserten Gasturbine profitiert, die alternative Kraftstoffe nutzt."[67]

---

67 Filipenko, Mykhaylo, Kaiser, Jochen, Plötner, Kay, Strohmayer, Andreas: Nachhaltig durch die Luft. In: Physik-Journal, Weinheim Dezember 2020, S. 34-40. Siehe auch die Abbildung auf S. 99 in diesem Buch.

Manche Anwohner im schönen Sauerland klagen über Lärmbelästigung, nicht etwa wegen der lauten Traktoren und anderer Landmaschinen, die ja in Zukunft auch leiser werden, sobald sie mit Wasserstoff fahren, sondern wegen der Motorradfahrer, die den Lärm lieben und mit Vergnügen über die schmalen, kurvenreichen Landstraßen fahren und ihre Lärmaffinität gerne auch den lieben Mitmenschen zugute kommen lassen. Sobald die Motorräder mit Wasserstoff düsen, können ihre Fahrer eigentlich nur noch mit Musik Schall erzeugen. Das wäre ein merklicher Unterschied.

Für Segelflieger ändert sich erst einmal wenig, außer dass sie von Kleinflugzeugen in die Luft gezogen werden, die elektrisch fliegen, mit oder ohne Wasserstoff. Auch in dem Fall, dass sie von Seilwinden hochgezogen werden, wird sich wenig ändern, denn viele Seilwinden arbeiten schon heute elektrisch. Das Vergnügen am Segeln wird dadurch nicht geringer.

So wird die Mobilität ab jetzt leiser und schadstofffreier, je mehr erneuerbare Energie zur Verfügung steht. Damit kommt die Gesellschaft ihrer nachwachsenden Generation „Fridays for Future" ein gutes Stück entgegen. Hilfreich wäre dann noch, den Kohleausstieg zu beschleunigen, indem man den Ausbau der Wind- und Fotovoltaikanlagen nicht weiter behindert. Der Strukturwandel würde dadurch etwas beschleunigt, das bedeutet, dass der Wechsel von dreckigen Kohlearbeitsplätzen zu sauberen Arbeitsplätzen an erneuerbaren Energien schneller gelänge.

6. Konsolidierung der Wasserstoffwirtschaft

Die Einführung einer Wasserstoffwirtschaft kostet Zeit. Es ist ja nicht damit getan, dass man weiß, was man alles mit Wasserstoff anfangen kann. Es sind Milliarden Dollar und Euro an Investitionskosten notwendig, um Wasserstoff in ausreichendem Maße zur Verfügung zu stellen, und zwar ausschließlich grünen Wasserstoff. Dazu sind Unmengen an grünem Strom nötig, der vorzugsweise mit Windparks und Solarparks erzeugt wird. Und woher nehmen wir diese Unmengen an Energie? Wir bekommen sie von der Sonne geschenkt, und zwar in solchem Ausmaß, dass wir mehrere Erden mit Wasserstoff voll versorgen könnten und nie mehr auf fossile Kohlenwasserstoffe zurückgreifen bräuchten. Dazu benötigten wir nur relativ kleine Wüstenflächen und Offshoregebiete. Wasser ist in unseren Weltmeeren ebenfalls mehr als reichlich vorhanden, und alles Wasser, das wir aufspalten in Wasserstoff und Sauerstoff, wird später bei der Strom- oder Wärmeerzeugung wieder zu Wasser vereint. So entsteht ein Kreislauf, und Sonnenenergie wird endlich sinnvoll verwendet, statt verschwendet.

Nachdem wir nun die fossilen Kohlenwasserstoffe zunehmend in der Erde belassen, sorgen wir dafür, dass immer weniger Kohlenstoffdioxyd in die Atmosphäre geblasen wird. Es wird trotzdem Jahrhunderte dauern, bis sich ein neues Gleichgewicht eingestellt hat, denn das bereits in die Atmosphäre entlassene Kohlendioxid reicht aus, um die Erde weiterhin zu erwärmen, denn es hält sich sehr lange in der Atmosphäre. Der Anstieg des Meeresspiegels kann nicht mehr gestoppt, aber ein wenig verlangsamt werden.

Insofern hat die jugendliche Bewegung „Fridays for Future" recht, dass wir ihre Zukunft beeinträchtigen. Das Ziel, die Erderwärmung bei 1,5 Grad Celsius über dem vorindustriellen Wert zu stoppen, ist ambitioniert, könnte aber das Schlimmste verhindern.

„Wir müssen diese Bewegung ernst nehmen und möglichst in Politik umsetzen, um noch einigermaßen glimpflich an einer Klimakatastrophe vorbei zu schrammen. Leider sind viele Politiker zu ängstlich und schauen auf Umfragewerte, anstatt einen Strukturwandel einzuleiten. Es gibt immerhin schon Kommunen, die lokal durch Windräder und Solarplantagen mehr als ausreichend elektrische Energie erzeugen. Der Überschuss kann für die kühlere Jahreszeit gespeichert werden, nicht nur in Akkumulatoren, sondern auch in Wasserstofftanks. Der durch Elektrolyse gewonnene Wasserstoff kann in Zeiten der Flaute in Brennstoffzellen in elektrischen Strom umgewandelt werden, nicht nur in elektrisch angetriebenen Fahrzeugen."[68]

„Nach allem, was wir bisher erfahren haben, können wir uns lebhaft vorstellen, dass wir in Zukunft weniger Energie verbrauchen werden. Neue Häuser sind so gut gedämmt, dass sie zur Heizung im Winter nur wenig Energie benötigen. Eingebaute feuchtigkeitsgesteuerte Lüftungselemente verhindern Schimmelbildung. Unser neuestes Bauprojekt arbeitet mit Fußbodenheizung. Die dazugehörige Wärmepumpe steht am Gartenrand und kann von Solar-

---

68 Olzog, Kurt: Bevölkerungsexplosion und Ressourcenverbrauch. S. 105.
    Siehe auch: Olzog, Kurt: Energiewende im Klimawandel. Vgl. S. 75ff.

energie gespeist werden. Die Autos der Bewohner können mit Wasserstoff betankt sein und per Brennstoffzelle fahren. Man nutzt Hybridantrieb mit Fahrbatterie, durch die 40% des Wasserstoffs gespart wird, denn die Batterie wird beim Gaswegnehmen und Bremsen geladen und übernimmt dann den Anfahrprozess, wie bei derzeitigen Hybridfahrzeugen üblich. Dadurch verlängert sich die Reichweite einer Wasserstofffüllung.

Hinzu kommt die KI im Auto. Auch heute schon kann man mit Abstandsradar fahren und verhindert so Auffahrunfälle. Außerdem hilft heute schon der Spurhalteassistent dabei, die Spur zu halten. Es ist absehbar, dass es in wenigen Jahren selbstfahrende Autos gibt, denen man nur das gewünschte Ziel eingeben muss, sei es per Sprache oder Tastatur. Hier schreitet die Entwicklung voran.

So kann man wie im Zug Zeitungen oder Bücher lesen, solange die Fahrt dauert, nur dass man mit dem Auto zeitlich unabhängig ist.

Wenn wir die Entwicklung von Haßfurt betrachten [...], können wir davon ausgehen, dass die Energieversorgung zunehmend dezentral erfolgt. Den großen Energieversorgungsunternehmen ist das natürlich ein Graus. Aber die Entwicklung geht weiter, und es sind Investitionen zu erbringen, um diese Entwicklung zu stemmen. Dazu werden dezentral Fachleute gebraucht, so dass Arbeitsplätze entstehen, wo andere wegfallen. Es kommt zu einer Umstrukturierung, wie es derzeit schon bei der Beendigung der Kohlekraftwerke der Fall ist.

Die Chemie-Industrie wird sich umstellen von der Erdöl- und Erdgasbasis auf die Wasserstoff- und Methanbasis. Die dazugehörigen Prozesse sind bereits bekannt und müssen noch für die nötigen Mengenbedarfe angepasst werden. Die chemische Industrie befasst sich mit der Erzeugung chemischer Produkte. Für viele andere Wirtschaftszweige stellt sie die benötigten Stoffe her, beispielsweise für die Kunststoffindustrie, die Lebensmittelindustrie, die Automobilindustrie, den Maschinenbau, die Glasindustrie und die Baustoffindustrie.[69] „Die mengenmäßig wichtigste Grundchemikalie war lange Zeit die Schwefelsäure, bis sie von dem aus Erdöl gewonnenen Ethylen abgelöst wurde.

Genaue statistische Angaben zu Produktionsmengen von Grundchemikalien unterliegen mitunter der Geheimhaltung (beispielsweise in Deutschland, falls weniger als drei Unternehmen eine bestimmte Chemikalie herstellen). Manchmal werden sie geschätzt."[70]

Wichtige mit Wasserstoff zusammenhängende anorganische und organische Grundchemikalien der chemischen Industrie werden im Folgenden als Beispiele aufgeführt:

Aluminiumhydroxid, Wasserstoffperoxid. Ethylen, Propen, Benzol, Methanol, Formaldehyd, Butene und Phenol.[71]

---

69 Olzog, Kurt: Ausbau der Wasserstoffwirtschaft. S. 81ff. Vgl.: https://de.wikipedia.org/wiki/Chemische_Industrie.

70 Ebenda. Siehe auch: *Fachserie 4, Reihe 3.1, Produzierendes Gewerbe nach Güterarten, 2. Vierteljahr 2006; Hochrechnung aus der Halbjahresproduktion bezogen auf ein Jahr.*. Statistisches Bundesamt.

71 Ebenda. Siehe auch: Amecke, Hans-Bernd: *Chemiewirtschaft im Überblick*. VCH Verlagsgesellschaft mbH, Weinheim 1987, ISBN 3-527-26540-6.

Die jährlich erzeugten Mengen können unter der angegebenen Internetadresse abgefragt werden.[72]

Auch in der Stahlproduktion wird allmählich die Energieerzeugung umgestellt von Kohle und Koks auf Wasserstoff, wobei die Entwicklung zum „grünen" Wasserstoff geht. In Duisburg und auch in Salzgitter bereitet man sich bereits auf die Stahlproduktion mit Wasserstoff-Direktreduktionsanlage vor. Bisher gibt es in Deutschland keine Direktreduktionsanlage. Es gibt allerdings erste Anfänge, Wasserstoff für die Stahlerzeugung zu nutzen: „Aktuell laufen in Duisburg Versuche am Hochofen 9. Die Idee: Bis zu 20 Prozent CO_2 kann der Hochofen einsparen, wenn die Metallerinnen und Metaller nicht Kohlenstaub einblasen, sondern Wasserstoff. Bislang schickten die Duisburger nur durch eine der 28 Heißwinddüsen Wasserstoff, die anderen sollen folgen. Den für das Einblasen benötigten Wasserstoff bringen Tankwagen. „Das reicht für die Versuche, aber langfristig brauchen wir ein Wasserstoff-Gasnetz", erklärt Matthias Weinberg, Leiter des Competence Center Metallurgy, der die Versuche begleitet."[73]

---

72 Ebenda. Siehe auch: https://de.wikipedia.org/wiki/Grundchemikalie #Übersicht_über_wichtige_Grundchemikalien.
73 Böckmann, Christoph: Stahl hat eine grüne Zukunft. In: metallzeitung Juli/August 2020, S. 16f.

7. Zukunftsperspektiven

Sogar in Saudi-Arabien setzt sich allmählich die Erkenntnis durch, dass in Zukunft mit Erdöl und Erdgas immer weniger Gewinn zu erwirtschaften ist. Der letzte G20-Gipfel wurde wegen der Corona-Pandemie virtuell abgehalten. Den Vorsitz hatte Saudi-Arabien. Am 22.11.2020 wurde das Resultat bekannt gegeben, das bezüglich des Klimawandels keine Neuigkeiten brachte, zumal der noch amtierende US-Präsident seine bekannte Parole wiederholte, dass der Kampf gegen den Klimawandel nur dazu diente, der US-Wirtschaft zu schaden.

„Bis 2050 soll in der EU unter dem Strich kein CO_2 mehr ausgestoßen werden. Der Ausstoß von Kohlendioxid wird verteuert, und zwar so sehr, dass er sich schlicht nicht mehr lohnt.

Im Laufe der kommenden Jahre werden die an Erdöl reichen Staaten zunehmend auf ihrem Öl sitzen bleiben, denn Öl und Kohle und allmählich auch Erdgas werden durch Wasserstoff ersetzt. Wer von den Ölstaaten jetzt noch nicht auf die saubere Produktion von Wasserstoff gesetzt hat, verpasst den Anschluss und die Möglichkeit, durch Wasserstoff statt durch Erdöl reich zu werden. Ein wenig Öl wird noch für die chemische Industrie benötigt, kann aber zunehmend durch nachwachsende Rohstoffe gewonnen werden. Was an CO_2 anfällt, wird durch die nachwachsenden Rohstoffe wieder gebunden. Insofern bleibt in diesem Kreislauf kein zusätzlicher CO_2-Ausstoß übrig.

Schauen wir etwas weiter in die Zukunft. Die friedliche Nutzung der Kernfusion liegt immerhin in Reichweite. Verschaffen wir uns zunächst einen Überblick über diese Technik:

„Die **Kernfusion** ist eine Kernreaktion, bei der zwei Atomkerne zu einem neuen Kern verschmelzen. Die Kernfusion ist Ursache dafür, dass die Sonne und alle leuchtenden Sterne Energie abstrahlen.

Von entscheidender Bedeutung für das Zustandekommen einer Fusion ist der Wirkungsquerschnitt, das Maß für die Wahrscheinlichkeit, dass zusammenstoßende Kerne miteinander reagieren. Ausreichend groß ist der Wirkungsquerschnitt meist nur dann, wenn die beiden Kerne mit hoher Energie aufeinander prallen. Diese ist nötig, um die Coulombbarriere, die elektrische Abstoßung zwischen den positiv geladenen Kernen, zu überwinden oder ihr schmales Maximum zu durchtunneln. Jenseits der Barriere, bei einem Abstand von nur noch etwa 10^{-15} m, überwiegt die Anziehung durch die starke Wechselwirkung und die Kerne verschmelzen miteinander.

Fusionsreaktionen können exotherm (Energie abgebend) oder endotherm (Energie aufnehmend) sein. Exotherme Fusionsreaktionen können die hohen Temperaturen aufrechterhalten, die nötig sind, damit die thermische Energie zu weiteren Fusionsreaktionen führen kann. Solche thermonuklearen Prozesse laufen in Sternen und Fusionsbomben unter extremem Druck ab. Im Gegensatz zur Kernspaltung ist eine Kettenreaktion mit Fusionsreaktionen nicht möglich.

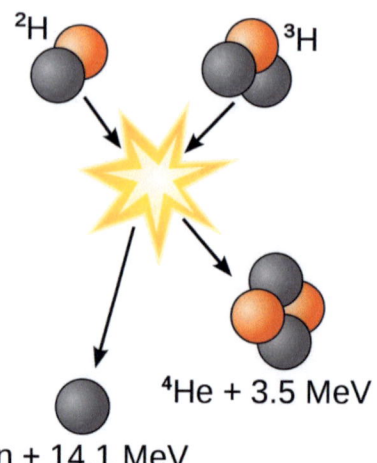

²H ... ³H

^{4}He + 3.5 MeV

n + 14.1 MeV

Die oben abgebildete Fusionsreaktion als thermonuklearer Vorgang soll in Zukunft der Stromerzeugung in Kernfusionsreaktoren dienen: Kerne von Deuterium (^{2}H) und Tritium (^{3}H) verschmelzen zu einem Heliumkern (^{4}He) unter Freisetzung eines Neutrons (n) sowie von Energie (3,5 MeV + 14,1 MeV).

In der Abbildung darunter ist die Bindungsenergie pro Nukleon der Nuklide dargestellt. Energie wird frei bei Reaktionen in aufsteigender Richtung der Kurve bzw. wird benötigt bei abfallender Richtung. Die Fusion von Wasserstoff (H) zu Helium-4 setzt besonders viel Energie frei."[74]

---

74 Olzog, Kurt: Ausbau der Wasserstoffwirtschaft. S. 85ff. Zitat aus: https://de.wikipedia.org/wiki/Kernfusion mit Abbildung auf dieser und Diagramm auf der folgenden Seite.

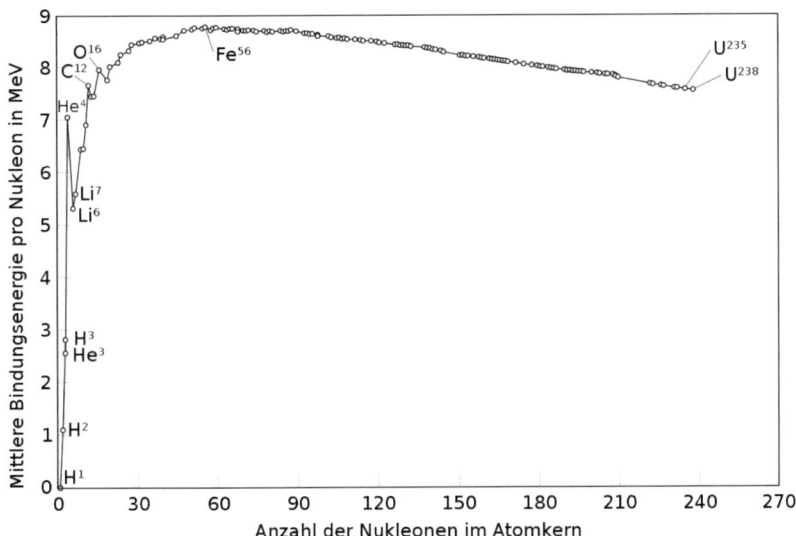

"In internationaler Kooperation wird erforscht, ob und wie sich Fusionsenergie zur Stromerzeugung nutzen lässt. Der erste wirtschaftlich nutzbare Reaktor wird, falls sich die technologischen Hindernisse überwinden lassen und die politische Entscheidung zugunsten der neuen Technologie fallen sollte, aus heutiger Sicht nicht vor 2050 erwartet.[...] Unter der Voraussetzung, dass fossile Brennstoffe wegen ihrer Klimaschädlichkeit zurückgedrängt werden und die Kernfusion somit wirtschaftlich konkurrenzfähig wäre, könnte ein großtechnischer Einsatz der neuen Technologie nach heutigem Erkenntnisstand im letzten Viertel des 21. Jahrhunderts erfolgen. [...]

Fusionsreaktionen lassen sich wie andere Kernreaktionen mittels Teilchenbeschleunigern im Labor zu physikalischen Forschungszwecken durchführen. Die oben genannte Deuterium-Tritium-

Reaktion wird so zur Erzeugung schneller freier Neutronen verwendet. Auch der Farnsworth-Hirsch-Fusor ist eine Quelle freier Neutronen für Forschungs- und technische Zwecke.“[75]

„Das technisch am weitesten fortgeschrittene Konzept zum dauerhaften Einschluss eines thermonuklear reagierenden Plasmas ist das des Tokamaks. Eine Schwierigkeit stellen dabei Plasmainstabilitäten verschiedener Art dar. An Mechanismen zu ihrer Unterdrückung wird intensiv geforscht. Aufgrund des induktiv erzeugten Plasmastroms kann ein Tokamak in seiner ursprünglichen Version nur gepulst betrieben werden, was technisch sehr nachteilig wäre; an Zusatztechniken zur dauernden Aufrechterhaltung des Stroms (Stromtrieb) wird ebenfalls geforscht. Beim Stellarator-Konzept werden weniger inhärente Stabilitätsprobleme erwartet, und ein gleichmäßiger Dauerbetrieb ist hier grundsätzlich möglich. Jedoch ist das Stellaratorkonzept in der Praxis weniger weit entwickelt. Ob das erste Fusionskraftwerk (DEMO) als Tokamak oder Stellarator gebaut werden soll, ist bisher (2019) noch nicht entschieden.“[76]

---

75 Ebenda, S. 88f. Zitat aus:
    https://de.wikipedia.org/wiki/Kernfusion#Technische_Anwendungen.
    Quellen und weiterführende Literatur befinden sich im Literaturverzeichnis unter der obigen Adressangabe.
76 Ebenda, S. 90. Tokamak: Ringförmiger Typ eines Fusionsreaktors, der auf der Methode des magnetischen Plasmaeinschlusses beruht.
    Stellarator: Ringförmiger Fusionsreaktor mit komplexerer äußerer Magnetsteuerung. Siehe auch:
    https://meta.wikimedia.org/wiki/File:RES030_Tokamak_und_Stellarator.ogg

„Der derzeitige Vorsitzende des Wissenschaftlichen Beirats der Bundesregierung Globale Umweltveränderungen (WBGU), Hans Joachim Schellnhuber, der auch Direktor des Potsdam-Instituts für Klimafolgenforschung ist, hat 2015 die hohen Kosten der Kernfusionsforschung angesichts der Potentiale der Solarenergie kritisiert:

> "While we have been working decade
> after decade on developing an incredibly
> expensive fusion reactor, we are already
> blessed with one that works perfectly well
> and is free to all of us: the Sun"
>
> „Während wir Jahrzehnt nach Jahrzehnt
> an der Entwicklung eines unglaublich
> teuren Fusionsreaktors gearbeitet haben,
> sind wir bereits mit einem gesegnet, der
> einwandfrei funktioniert und für uns alle
> kostenlos ist: Die Sonne"

– Hans-Joachim Schellnhuber: common-ground".[77]"[78]

Die weitere Entwicklung der Fusionsenergie wird sich noch ein paar Jahrzehnte hinziehen. Bis dahin müssen wir mit Wind- und Solarenergie ausreichend Wasserstoff erzeugen, um von fossilen Energieträgern unabhängig zu werden. Das Ziel bleibt immerhin, die Erderwärmung zu bremsen und wenn möglich auf 1,5 Grad im Vergleich zum vorindustriellen Zeitalter zu begrenzen. Insofern ist die Ankündigung der momentan in Europa agierenden Politiker zu begrüßen, die Wasserstoffwirtschaft auszubauen. Es wird sehr viel

---

[77] Ebenda, S. 92.
[78] Ebenda, S. 85-92.

H_2 benötigt, um Stahl CO_2-frei zu erzeugen. Noch mehr wird für den Verkehrssektor gebraucht, um LKW und PKW CO_2-frei fahren zu lassen. Ein weiterer Anteil wird benötigt, um Strom in wind- und sonnenarmen Zeiten zu erzeugen und um in den kalten Tagen Heizungen zu versorgen. Die Elektrolyseure sollten an größeren Flüssen stehen, so dass immer ausreichend Wasser vorhanden ist. Des Weiteren müssen sie mit erneuerbarer Energie beliefert werden, beispielsweise von Offshorewindparks und Solarfarmen, die in Europa verteilt werden. Irgendwo scheint die Sonne täglich, irgendwo herrscht Tag und Nacht hindurch Wind, besonders im Offshore-Bereich. Europa allein würde schon ausreichen, um genügend Wasserstoff zu erzeugen. Inzwischen erzeugt Marokko ebenfalls erneuerbare Energie und könnte uns Wasserstoff, aber auch sauberen Strom verkaufen, der unsere Elektrolyseure mit Energie versorgt.

In anderen arabischen Ländern entlang der afrikanischen Mittelmeerküste und auf der arabischen Halbinsel gibt es Insellösungen wie beispielsweise in den Vereinigten Arabischen Emiraten. Im Emirat Abu Dhabi startete im Jahr 2008 ein Stadtbauprojekt namens Masdar-City, etwa 30 Kilometer östlich der Hauptstadt Abu Dhabi. Dort wird die Energieversorgung durch ein eigenes Solarkraftwerk und einen Windpark gesichert. In Masdar wird es keine fossil betriebenen Fahrzeuge mehr geben, die müssen vor der Stadt parken. Von dort aus geschieht der Personentransport mit elektrisch betriebenen öffentlichen Verkehrsmitteln. Seit dem Jahr 2011 wird das Elektro-Kabinensystem erprobt. Die führerlosen Kabinenfahrzeuge „werden an mit Trenntüren gesicherten Haltestellen bestiegen bzw. beladen und bewegen sich über bodengleiche Leitschwellen mit bis zu 40 km/h im Verkehrsdeck."[79]

IRENA, Abkürzung für International Renewable Energy Agency, gegründet am 26. Januar 2009 mit der Unterzeichnung der Satzung durch 75 Staaten in Bonn, hat das Ziel, die nachhaltige Nutzung erneuerbarer Energien weltweit zu fördern.

In Bonn wurde ein Innovations- und Technologiezentrum hierfür eingerichtet.[80]

An dieser Stelle erinnern wir uns an das dreibändige Werk „Das Prinzip Hoffnung" von Ernst Bloch, dessen vierte Auflage 1977 erschien.[81] Ich erwarb es während meines Studiums im Januar 1978 und las es mit Gewinn. Es hat sicher nicht an Aktualität eingebüßt.[82]

„Die Menschheit schafft sich ab" ist der Titel eines Buchs von Harald Lesch und Klaus Kamphausen. Der Untertitel lautet: „Die Erde im Griff des Anthropozän".[83] Der provokante Titel soll vor der bevorstehenden Klimakatastrophe und der Umweltvernichtung warnen. Die Corona-Pandemie wird vorbeigehen, die Klimakatastrophe bleibt uns über die kommenden Jahrhunderte erhalten und wird sich verschlimmern, wenn wir nicht gegensteuern. Die Umweltkatastrophe beginnt nicht erst mit dem Abbrennen der Wälder in Brasilien und Australien. Die intensive Landwirtschaft

---

79 Olzog, Kurt: Energiewende im Klimawandel. Vgl. S. 78ff.
80 Ebenda, Vgl. S. 81ff.
81 Bloch, Ernst: Das Prinzip Hoffnung. Frankfurt am Main 1959, 4. Aufl. 1977.
82 Olzog, Kurt: Globalisierung der Politik. Vgl. S. 180.
83 Lesch; Harald, Kamphausen, Klaus: Die Menschheit schafft sich ab. 4. Auflage München /Grünwald 2017.

führt zur Ausrottung vieler Insekten- und Vogelarten im Bereich der Monokulturen, die Überdüngung der Böden führt zu deren Verarmung und zur Verseuchung unseres Grundwassers. Die Menschheit ist tatsächlich auf dem Weg, sich die Lebensgrundlagen zu entziehen.

Offensichtlich werden die Malediven bis zum Ende des Jahrhunderts überflutet. Das Gleiche wird mit großen Teilen Bangladeschs passieren. Die reichen europäischen Länder können sich mit höheren Deichen wehren, für Nordamerika gilt das Gleiche.

„Am 25. September 2015 wurde auf dem UN-Gipfel in New York die „Agenda 2030 für nachhaltige Entwicklung" verabschiedet. Seit dem 1. Januar 2016 ist dieser ambitionierte Zukunftsvertrag für die Menschheit in Kraft. Die 193 Mitgliedsstaaten der UN übernehmen in einem neuen Geist globaler Partnerschaft – es gibt keine Unterscheidung mehr in „Geber" und „Nehmer" sowie in „erste", „zweite" und „dritte Welt" – gemeinsam Verantwortung für den Planeten Erde und seine Bewohner. Bis zum Jahr 2030 soll sich die Situation der Menschen und der Umwelt in vielen bedeutenden Punkten verbessern und stabilisieren und so zu einer „Transformation unserer Welt" führen. In der Präambel heißt es:

Diese Agenda ist ein Aktionsplan für die Menschen, den Planeten und den Wohlstand. Sie will außerdem den universellen Frieden in größerer Freiheit festigen. Wir sind uns dessen bewusst, dass die Beseitigung der Armut in allen ihren Formen und Dimensionen, einschließlich der extremen Armut, die größte globale Herausforderung und eine unabdingbare Voraussetzung für eine nachhaltige Entwicklung ist.

Alle Länder und alle Interessenträger werden diesen Plan in kooperativer Partnerschaft umsetzen. Wir sind entschlossen, die Menschheit von der Tyrannei der Armut und der Not zu befreien und unseren Planeten zu heilen und zu schützen. Wir sind entschlossen, die kühnen und transformativen Schritte zu unternehmen, die dringend notwendig sind, um die Welt auf den Pfad der Nachhaltigkeit und der Widerstandsfähigkeit zu bringen. Wir versprechen, auf dieser gemeinsamen Reise, die wir heute antreten, niemanden zurückzulassen. Die heute von uns verkündeten 17 Ziele für nachhaltige Entwicklung und 169 Zielvorgaben zeigen, wie umfassend und ambitioniert diese neue universelle Agenda ist.

Die Ziele und Zielvorgaben werden in den nächsten 15 Jahren den Anstoß zu Maßnahmen in den Bereichen geben, die für die Menschheit und ihren Planeten von entscheidender Bedeutung sind.

Menschen

Wir sind entschlossen, Armut und Hunger in allen ihren Formen und Dimensionen ein Ende zu setzen und sicherzustellen, dass alle Menschen ihr Potential in Würde und Gleichheit und in einer gesunden Umwelt voll entfalten können.

Planet

Wir sind entschlossen, den Planeten vor Schädigung zu schützen, unter anderem durch nachhaltigen Konsum und nachhaltige Produktion, die nachhaltige Bewirtschaftung seiner natürlichen Ressourcen und umgehende Maßnahmen gegen den Klimawandel, damit die Erde die Bedürfnisse der heutigen und der kommenden Generationen decken kann.

Wohlstand

Wir sind entschlossen, dafür zu sorgen, dass alle Menschen ein von Wohlstand geprägtes und erfülltes Leben genießen können und dass sich der wirtschaftliche, soziale und technische Fortschritt in Harmonie mit der Natur vollzieht.

Frieden

Wir sind entschlossen, friedliche, gerechte und inklusive Gesellschaften zu fördern, die frei von Furcht und Gewalt sind. Ohne Frieden kann es keine nachhaltige Entwicklung geben und ohne nachhaltige Entwicklung keinen Frieden.

Partnerschaft

Wir sind entschlossen, die für die Umsetzung dieser Agenda benötigten Mittel durch eine mit neuem Leben erfüllte globale Partnerschaft für nachhaltige Entwicklung zu mobilisieren, die auf einem Geist verstärkter globaler Solidarität gründet, insbesondere auf die Bedürfnisse der Ärmsten und Schwächsten ausgerichtet ist und an der sich alle Länder, alle Interessenträger und alle Menschen beteiligen.

(…) Wenn wir unsere Ambitionen in allen Bereichen der Agenda verwirklichen können, wird sich das Leben aller Menschen grundlegend verbessern und eine Transformation der Welt zum Besseren stattfinden.

Die Transformation der Welt zum Besseren wird in dem Textabschnitt „Unsere Vision" genauer beschrieben.

Unsere Vision

(…) Diese Ziele und Zielvorgaben sind Ausdruck einer äußerst ambitionierten und transformativen Vision. Wir sehen eine Welt vor uns, die frei von Armut, Hunger, Krankheit und Not ist und in der alles Leben gedeihen kann. Eine Welt, die frei von Furcht und Gewalt ist. Eine Welt, in der alle Menschen lesen und schreiben können. Eine Welt mit gleichem und allgemeinem Zugang zu hochwertiger Bildung auf allen Ebenen, zu Gesundheitsversorgung und Sozialschutz, in der das körperliche, geistige und soziale Wohlergehen gewährleistet ist. Eine Welt, in der wir unser Bekenntnis zum Menschenrecht auf einwandfreies Trinkwasser und Sanitärversorgung bekräftigen, in der es verbesserte Hygiene gibt und in der ausreichende, gesundheitlich unbedenkliche, erschwingliche und nährstoffreiche Nahrungsmittel vorhanden sind. Eine Welt, in der die menschlichen Lebensräume sicher, widerstandsfähig und nachhaltig sind und in der alle Menschen Zugang zu bezahlbarer, verlässlicher und nachhaltiger Energie haben.

(…) Wir sehen eine Welt vor uns, in der die Menschenrechte und die Menschenwürde, die Rechtsstaatlichkeit, die Gerechtigkeit, die Gleichheit und die Nichtdiskriminierung allgemein geachtet werden, in der Rassen, ethnische Zugehörigkeit und kulturelle Vielfalt geachtet werden und in der Chancengleichheit herrscht, die die volle Entfaltung des menschlichen Potentials gewährleistet und zu geteiltem Wohlstand beiträgt. Eine Welt, die in ihre Kinder investiert und in der jedes Kind frei von Gewalt und Ausbeutung

aufwächst. *Eine Welt, in der jede Frau und jedes Mädchen volle Gleichstellung genießt und in der alle rechtlichen, sozialen und wirtschaftliche Schranken für ihre Selbstbestimmung aus dem Weg geräumt sind. Eine gerechte, faire, tolerante, offenen und soziale inklusive Welt, in der für die Bedürfnisse der Schwächsten gesorgt wird.*

(…) Wir sehen eine Welt vor uns, in der jedes Land ein dauerhaftes, inklusives und nachhaltiges Wirtschaftswachstum genießt und es menschenwürdige Arbeit für alle gibt. Eine Welt, in der die Konsum- und Produktionsmuster und die Nutzung aller natürlichen Ressourcen – von der Luft bis zum Boden, von Flüssen, Seen und Grundwasserleitern bis zu Ozeanen und Meeren – nachhaltig sind. Eine Welt, in der Demokratie, gute Regierungsführung und Rechtsstaatlichkeit sowie ein förderliches Umfeld auf nationaler und internationaler Ebene unabdingbar für eine nachhaltige Entwicklung sind, darunter ein dauerhaftes und inklusives Wirtschaftswachstum, soziale Entwicklung, Umweltschutz und die Beseitigung von Armut und Hunger. Eine Welt, in der die Entwicklung und die Anwendung von Technologien den Klimawandel berücksichtigen, die biologische Vielfalt achten und resilient sind. Eine Welt, in der die Menschheit in Harmonie mit der Natur lebt und in der wildlebende Tiere und Pflanzen und andere Lebewesen geschützt sind.

Der Kerntext der Agenda 2030:

Die neue Agenda

Wir verkünden heute 17 Ziele für nachhaltige Entwicklung und 169 zugehörige Zielvorgaben, die integriert und unteilbar sind.

Nie zuvor haben sich die Staatslenker der Welt zu einem gemein-
samen Handeln und Unterfangen in einer so breit gefächerten und
universellen politischen Agenda verpflichtet. Gemeinsam begeben
wir uns auf den Pfad der nachhaltigen Entwicklung und widmen
uns dem Streben nach globaler Entwicklung und einer allseits
gewinnbringenden Zusammenarbeit, die für alle Länder und alle
Erdteile enorme Fortschritte bewirken kann.

Ziele für nachhaltige Entwicklung

·**Ziel 1:** *Armut in allen ihren Formen und überall beenden*

·**Ziel 2:** *Den Hunger beenden, Ernährungssicherheit und eine*
bessere Ernährung erreichen und eine nachhaltige Landwirtschaft
fördern

·**Ziel 3:** *Ein gesundes Leben für alle Menschen jeden Alters*
gewährleisten und ihr Wohlergehen fördern

·**Ziel 4:** *Inklusive, gleichberechtigte und hochwertige Bildung*
gewährleisten und Möglichkeiten lebenslangen Lernens für alle
fördern

·**Ziel 5:** *Geschlechtergleichstellung erreichen und alle Frauen*
und Mädchen zur Selbstbestimmung befähigen

·**Ziel 6:** *Verfügbarkeit und nachhaltige Bewirtschaftung von*
Wasser und Sanitätsversorgung für alle gewährleisten

·**Ziel 7:** *Zugang zu bezahlbarer, verlässlicher, nachhaltiger und*
moderner Energie für alle sichern

·**Ziel 8:** *Dauerhaftes, breitenwirksames und nachhaltiges*
Wirtschaftswachstum, produktive Vollbeschäftigung und

menschenwürdige Arbeit für alle fördern

·Ziel 9: *Eine widerstandsfähige Infrastruktur aufbauen, breitenwirksame und nachhaltige Industrialisierung fördern und Innovationen unterstützen*

·Ziel 10: *Ungleichheit in und zwischen Ländern verringern*

·Ziel 11: *Städte und Siedlungen inklusiv, sicher, widerstandsfähig und nachhaltig gestalten*

·Ziel 12: *Nachhaltige Konsum- und Produktionsmuster sicherstellen*

·Ziel 13: *Umgehend Maßnahmen zur Bekämpfung des Klimawandels und seiner Auswirkungen ergreifen**

·Ziel 14: *Ozeane, Meere und Meeresressourcen im Sinne nachhaltiger Entwicklung erhalten und nachhaltig nutzen*

·Ziel 15: *Landökosysteme schützen, wiederherstellen und ihre nachhaltige Nutzung fördern, Wälder nachhaltig bewirtschaften, Wüstenbildung bekämpfen, Bodendegradation beenden und umkehren und dem Verlust der biologischen Vielfalt ein Ende setzen*

·Ziel 16: *Friedliche und inklusive Gesellschaften für eine nachhaltige Entwicklung fördern, allen Menschen Zugang zur Justiz ermöglichen und leistungsfähige, rechenschaftspflichtige und inklusive Institutionen auf allen Ebenen aufbauen*

·Ziel 17: *Umsetzungsmittel stärken und die globale Partnerschaft für nachhaltige Entwicklung mit neuem Leben erfüllen*

In Anerkennung dessen, dass das Rahmenübereinkommen der Vereinten Nationen über Klimaänderungen das zentrale internationale zwischenstaatliche Forum für Verhandlungen über die globale Antwort auf den Klimawandel ist.

Die 169 Zielvorgaben zu den 17 vorher aufgeführten Zielen werden umfänglich beschrieben. Das Jahr 2030 ist in den meisten Zielvorgaben zu lesen. Das heißt, die UN spricht hier nicht von einem utopischen Plan für eine ferne Zukunft, sondern hat durchaus den Ernst der Situation erkannt und klare Vorstellungen für die Umsetzung der 17 Punkte in den kommenden 15 Jahren. Zum *Wie* der Umsetzung werden klare Vorstellungen geäußert, von denen hier nur eine steht:

Umsetzungsmittel

(…) Der Umfang und der ambitionierte Charakter der neuen Agenda erfordern eine mit neuem Leben erfüllte globale Partnerschaft, um ihre Umsetzung zu gewährleisten. Darauf verpflichten wir uns uneingeschränkt. Diese Partnerschaft wird in einem Geist der globalen Solidarität wirken, insbesondere der Solidarität mit den Ärmsten und mit Menschen in prekären Situationen. Sie wird ein intensiver globales Engagement zur Unterstützung der Umsetzung aller Ziele und Zielvorgaben erleichtern, indem sie die Regierungen, den Privatsektor, die Zivilgesellschaft, das System der Vereinten Nationen und andere Akteure zusammenbringt und alle verfügbaren Ressourcen mobilisiert.

Der folgende Aufruf zum Handeln ist nicht nur an Politiker gerichtet:

Ein Aufruf zum Handeln, um unsere Welt zu verändern

Vor siebzig Jahren kam eine frühere Generation von Staatslenkern zusammen, um die Vereinten Nationen zu gründen. Auf den Trümmern von Krieg und Zwietracht errichteten sie diese Organisation und formten die ihr zugrunde liegenden Werte des Friedens, des Dialogs und der internationalen Zusammenarbeit. Diese Werte haben in der Charta der Vereinten Nationen ihren höchsten Ausdruck gefunden.

Auch wir treffen heute eine Entscheidung von großer historischer Bedeutung. Wir beschließen, eine bessere Zukunft für alle Menschen zu schaffen, darunter Millionen Menschen, denen bislang die Chance versagt geblieben ist, ein menschenwürdiges, würdevolles und erfülltes Leben zu führen und ihr menschliches Potential voll zu entfalten. Wir können die erste Generation sein, der es gelingt, Armut zu beseitigen, und gleichzeitig vielleicht die letzte Generation, die noch die Chance hat, unseren Planeten zu retten. Wenn es uns gelingt, unsere Ziele zu verwirklichen, werden wir die Welt im Jahr 2030 zum Besseren verändert haben.

Die heute von uns verkündete Agenda für das globale Handeln während der nächsten 15 Jahre ist eine Charta für die Menschen und den Planeten im 21. Jahrhundert. Kinder und junge Frauen und Männer sind entscheidende Träger des Wandels und werden in den neuen Zielen eine Plattform finden, um unerschöpfliches Potential für Aktivismus zur Schaffung einer besseren Welt einzusetzen.

„Wir, die Völker" sind die berühmten ersten Worte der Charta der Vereinten Nationen. Wir, die Völker, sind es auch, die sich heute

auf den Weg in das Jahr 2030 machen. Auf diesem Weg werden uns die Regierungen und Parlamente, das System der Vereinten Nationen und andere internationale Institutionen, lokale Behörden, indigene Völker, die Zivilgesellschaft, die Wirtschaft und der Privatsektor, die Wissenschaft und die Hochschulen begleiten – und die gesamte Menschheit. Millionen von Menschen haben bereits an dieser Agenda mitgewirkt und werden sie sich zu eigen machen. Sie ist eine Agenda der Menschen, von Menschen und für die Menschen – und dies, so sind wir überzeugt, wird die Garantie für ihren Erfolg sein.

Die Zukunft der Menschheit und unseres Planeten liegt in unseren Händen. Sie liegt auch in den Händen der jüngeren Generation von heute, die die Fackel an die künftigen Generationen weiterreichen wird. Wir haben den Weg zur nachhaltigen Entwicklung vorgezeichnet; es wird an uns allen liegen, dafür zu sorgen, dass die Reise erfolgreich ist und die erzielten Fortschritte unumkehrbar sind.

Die 38 Seiten umfassende Agenda 2030 für nachhaltige Entwicklung, die Sie unter *www.un.org/depts/german/gv-70/a70-l1.pdf* in voller Länge lesen können, endet mit dem Satz:

„Wir bekräftigen unsere unbeirrbare Entschlossenheit, diese Agenda zu verwirklichen und sie in vollem Umfang zu nutzen, um bis 2030 eine Transformation der Welt zum Besseren herbeizuführen.""[84]

Es sind wohl nicht nur hehre Worte, die die UN-Agenda 2030 für nachhaltige Entwicklung von sich gibt. Auch in unserer

---

84 Ebenda, S. 417-423.

überschaubaren politischen Umgebung bewegt sich etwas nach der Ankündigung vom Juni 2020. Gestern, am 27.11.2020, berichteten die Nachrichten im Deutschlandfunk, dass der Deutsche Bundesrat den Ausbau der Offshorewindparks genehmigt hat. Bei den Onshorewindparks und den Starkstromleitungen in die südlichen Bundesländer sind noch einige Hürden zu nehmen, denn etliche Umweltschützer haben aus verschiedenen Gründen Klagen dagegen eingereicht. Dadurch verzögert sich der Ausbau der erneuerbaren Energie.

Auch im Bereich der Fotovoltaik muss weiter ausgebaut werden, damit Elektrolyseure nicht nur am Meer, sondern auch im Binnenland mit grünem Strom versorgt werden können. Durch dezentrale Wasserstofferzeugung vermeidet man weite Wasserstoff-Rohrleitungen und minimiert so die Unfallgefahr.

Wie oben beschrieben, werden für die Stahlerzeugung mehr als nur Tanklastwagen mit Wasserstoff benötigt, sondern die Zuleitung per Rohrleitungen. Dementsprechend benötigt die Stahlindustrie Elektrolyseure in ihrer Umgebung, und diese wiederum müssen mit erneuerbaren Energien versorgt werden. Dazu sind Milliarden Euro an Investitionskosten zu erbringen. In Folge der Coronapandemie musste für den Wiederaufbau der Industrie und der Wirtschaft ein dreistelliger Milliardenbetrag bereitgestellt werden. Etliche Milliarden davon sind für erneuerbare Energie vorgesehen sowie für den Bau von Elektrolyseuren zur Erzeugung von Wasserstoff für Industrie und Mobilität. Außerdem ist geplant, die Anzahl der Wasserstofftankstellen rapide zu erhöhen, und auch hier ist, wie oben erwähnt, das Prinzip Hoffnung hilfreich.

Die Welt kann immerhin aufatmen, nachdem von den USA aus die chaotischen Zustände bis zum 20. Januar 2021 beendet werden. Die Freunde der USA können wieder Vertrauen fassen und damit rechnen, dass die Klimaziele, die 2015 in Paris formuliert wurden, wieder in den Fokus der Weltpolitik rücken. Das Thema „Globalisierung der Politik" gewinnt wieder an Bedeutung.[85]

„Der e-Genius – hier bei der Alpenüberquerung – verfügt über einen Elektromotor mit einer Dauerleistung von 40 kW am Leitwerk. In den Batterien sind 90 kWh elektrischer Leistung gespeichert: Das reicht bei etwa 170 km/h für eine Strecke von über 400 Kilometern."[86]

„Das Institut für Flugzeugbau der Universität Stuttgart demonstrierte im Sommer 2015 mit einem zweisitzigen Motorsegler, dem e-Genius […] die Alltagstauglichkeit des elektrischen Fliegens: Die Maschine flog von Stuttgart nach Mailand über die Alpen und – nach kurzem Wiederaufladen der Batterien – am selben Tag zurück."[87]

---

85 Olzog, Kurt: Globalisierung der Politik. Norderstedt 2018.
86 Filipenko, Mykhaylo, Kaiser, Jochen, Plötner, Kay, Strohmayer, Andreas: Nachhaltig durch die Luft. In: Physik-Journal, Weinheim Dezember 2020, S. 36, mit Abbildung.
87 Ebenda, S. 35.

Literaturverzeichnis

agr@ct.de: Wasserstoffdrohne fliegt enorm lang. In: c't, Hamburg 2020, Heft 25, S. 38.

Blanckenburg, Friedhelm von: Der Thermostat der Erde. In: Spektrum der Wissenschaft März 2020, S. 48-57.

Bloch, Ernst: Das Prinzip Hoffnung. Frankfurt am Main 1959, 4. Aufl. 1977.

Böckmann, Christoph: Der Energieträger der Zukunft. In: metallzeitung. Frankfurt am Main, April 2020, S. 4f.

Böckmann, Christoph: Deutschland geht die Energie aus. In: metallzeitung. Frankfurt am Main, November 2020, S. 4f.

Böckmann, Christoph: Keine Kohle! In: metallzeitung. Frankfurt am Main, März 2020, S. 4f.

Böckmann, Christoph: Neue Chancen und Jobs auf dem Weg zur Klimaneutralität. In: metallzeitung. Frankfurt am Main, November 2020, S. 20f.

Böckmann, Christoph: Stahl hat eine grüne Zukunft. In: metallzeitung. Frankfurt am Main, Juli/August 2020, S. 16f.

Bossel, Ulf: Theorie und Praxis, April 2006: *Wasserstoff löst keine Energieprobleme,* aufgerufen am 24. September 2014.

Brunotte, Ernst u. a.(Hg.): Lexikon der Geographie. Heidelberg Berlin 2002, im Band 2 inliegend: Geologische Zeittafel.

Dan Gao, Dongfang Jiang, Pei Liu, Zheng Li, Sangao Hu, Hong Xu, *An integrated energy storage system based on hydrogen storage: Process configuration and case studies with wind power.* Energy 66 (2014) 332-341 doi:10.1016/j.energy.2014.01.095

Der Fischer Weltalmanach1997, S. 1120f. Hg,: Dr. Mario von Baratta, Frankfurt am Main 1996.

Der Fischer Weltalmanach 2010. Verantwortlich: Eva Berié. Frankfurt am Main 2009.

Der neue Fischer Weltalmanach 2016. Verantwortlich: Christin Löchel. Frankfurt am Main 2015.

Der neue Fischer Weltalmanach 2018. Verantwortlich: Christin Löchel. Frankfurt am Main 2017.

Der neue Fischer-Weltalmanach 2019. Verantwortlich: Christin Löchel. Frankfurt am Main 2018.

DIE ZEIT: Das Lexikon in 20 Bänden, Hamburg 2005.

Filipenko, Mykhaylo, Kaiser, Jochen, Plötner, Kay, Strohmayer, Andreas: Nachhaltig durch die Luft. In: Physik-Journal, Weinheim Dezember 2020, S. 34-40.

https://de.wikipedia.org/wiki/Chemische_Industrie. Siehe auch: *Fachserie 4, Reihe 3.1, Produzierendes Gewerbe nach Güterarten, 2. Vierteljahr 2006; Hochrechnung aus der Halbjahresproduktion bezogen auf ein Jahr..* Statistisches Bundesamt. Amecke, Hans-Bernd: *Chemiewirtschaft im Überblick.* VCH Verlagsgesellschaft mbH, Weinheim 1987, ISBN 3-527-26540-6.

https://de.wikipedia.org/wiki/Fusionsenergie. Siehe auch: „deuterium can be easily extracted at a very low cost", „enough […] for 2 billion years" (S. 16), „20.000 years of inexpensive Li6 available" (S. 17) In: Jeffrey P. Freidberg: *Plasma Physics And Fusion Energy.* 2007. Jeffrey P. Freidberg: *Plasma Physics And Fusion Energy.* 2007, S. 17. Weston M. Stacey: *Fusion. An Introduction to the Physics and Technology of Magnetic Confinement Fusion.* 2010, S. 151–154; *radioactive structural material […] storage time required […] 100 years.* A. M. Bradshaw: *Der lange Weg zu ITER,* PDF. Max-Planck-Institut für Plasmaphysik (IPP), 28. Oktober 2005. *50 Jahre Forschung für die Energie der Zukunft* (PDF; 5,8 MB). Max-Planck-Institut für Plasmaphysik (IPP), 2010. Abgerufen am 3. Juli 2013. ISBN 978-3-00-031750-7. EURO*fusion*.org: *Fusion Technology – From experiment to power plant* (Memento des Originals vom 9. April 2015 im *Internet Archive*) **Info:** Der Archivlink wurde automatisch eingesetzt und noch nicht geprüft. *Fusion Electricity - A roadmap to the realisation of fusion energy. Euro-Fusion.org. 2012. Abgerufen am 24. Dezember 2016. EUROfusion.org: The Road to Fusion Electricity. Abgerufen am 24. Dezember 2016. Ulf von Rauchhaupt: Sonnenfeuer am Boden – Nach zehnjähriger Planung bleibt vom internationalen Kernfusionsreaktor Iter nur die Sparversion, DIE ZEIT, 1999. http://www.ipp.mpg.de/de/aktuelles/presse/pi/2016/04_16. Armin Grunwald, Reinhard Grünwald, Dagmar Oertel, Herbert Paschen: Kernfusion. Sachstandsbericht (PDF; 396 kB). Arbeitsbericht des Büros für Technikfolgen-Abschätzung beim Deutschen Bundestag, März 2002, S. 49. https://www.pik-*

potsdam.de/images/common-ground . Umweltinstitut München, Kernfusion – teuer und überflüssig (Memento des Originals vom 6. April 2016 im Internet Archive) **Info:** *Der Archivlink wurde automatisch eingesetzt und noch nicht geprüft. Juli 2013 . Anatol Hug: Kernfusion: Das müssen Sie wissen. Schweizer Radio und Fernsehen – Wissen, 23. März 2015. Wissenschaftlicher Beirat der Bundesregierung Globale Umweltveränderungen: Welt im Wandel – Energiewende zur Nachhaltigkeit. Berlin Heidelberg 2003, S. 53 . Demonstrationskraftwerk DEMO (Max-Planck-Institut für Plasmaphysik) Armin Grunwald, Reinhard Grünwald, Dagmar Oertel, Herbert Paschen: Kernfusion. Sachstandsbericht (PDF; 396 kB). Arbeitsbericht des Büros für Technikfolgen-Abschätzung beim Deutschen Bundestag, März 2002, S. 48–49. Abgerufen am 17. Juni 2014. ITER & Safety Archivlink (Memento vom 12. November 2009 im Internet Archive), ITER Organization (englisch) . ITER Fusion Fuels, ITER Organization (englisch) . Joachim Roth et al.: Tritium inventory in ITER plasma-facing materials and tritium removal procedures. Plasma Phys. Control. Fusion 50, 2008, 103001, doi:10.1088/0741-3335/50/10/103001. A. Fiege (Hrsg.), Tritium. Bericht KfK-5055, Kernforschungszentrum Karlsruhe, 1992, S. 54–57 ISSN 0303-4003.*

https://de.wikipedia.org/wiki/Grundchemikalie#Übersicht_über_wichtige_Grundchemikalien.

https://de.wikipedia.org/wiki/Kernfusion.

https://de.wikipedia.org/wiki/Kernfusion#Technische_Anwendungen. Siehe auch: Ernest

Rutherford: *Collision of α particles with light atoms. IV. An anomalous effect in nitrogen*, Philosophical Magazine 37, 1919, S. 581–587. (Veröffentlichungstext). Hans Bethe: *Energy Production in Stars*, Phys. Rev. 55, 1939, S. 434–456. Rutherford, Oliphant, Paul Harteck: Transmutation effects observed with heavy hydrogen, Proc. Roy. Soc. A, Band 144, 1934, S. 692–703, und unter dem gleichen Titel, Nature, Band 133, 1934, S. 413. The discovery of D-D fusion, EuroFusion, 2010. *M.Keilhacker, JET Deuterium-Tritium Results and their Implications*. Webseite von EUROfusion. Abgerufen am 16. August 2016. Michael Schirber, APS: *Synopsis: Rare Fusion Reactions Probed with Solar Neutrinos*, 2012. Weston M. Stacey: *Fusion. An Introduction to the Physics and Technology of Magnetic Confinement Fusion*. 2010, S. 1. H. Paetz gen. Schieck: *The status of Polarized Fusion*, Eur. Phys. J. 44 A, 2010, S. 321–354. Armin Grunwald, Reinhard Grünwald, Dagmar Oertel, Herbert Paschen: *Sachstandsbericht Kernfusion*. Büro für Technikfolgen-Abschätzung beim Deutschen Bundestag, März 2002, abgerufen am 9. Oktober 2014. *ITER and beyond. On to DEMO* http://www.iter.org/proj/iterandbeyond (Memento vom 22. September 2012 im *Internet Archive*). Webseite der ITER-Organisation. Abgerufen am 4. Juli 2013. *Why fusion research? – Cost* Archivlink (Memento vom 9. April 2015 im *Internet Archive*). Webseite von EURO*fusion*. Abgerufen am 1. November 2014. *A roadmap to the realisation of fusion energy*. EFDA Roadmap

https://de.wikipedia.org/wiki/Künstliche_Intelligenz. Siehe auch: Nils J. Nilsson: *The Quest for Artificial Intelligence. A History of Ideas and Achievements*. Cambridge University Press, New York

2009. Nick Bostrom: *Superintelligenz. Szenarien einer kommenden Revolution.* Suhrkamp, 2016, S. 42. Nick Bostrom: *Superintelligenz. Szenarien einer kommenden Revolution.* Suhrkamp, Frankfurt am Main. 2016, S. 50 f. Daniela Hernandez: *Microsoft Challenges Google's Artificial Brain With 'Project Adam'.* In: *Wired.* 14. Juli 2014, abgerufen am 5. August 2014 (englisch). Jeff Hawkins, Sandra Blakeslee: *On Intelligence.* Owl Books, 2005, ISBN 978-0-8050-7853-4, S. 89. Alexander D. Wissner-Gross, C. E. Freer: *Causal Entropic Forces.* (PDF) In: *Physical Review Letters.* Institute for Applied Computational Science (Harvard University), The Media Laboratory (MIT), Department of Mathematics (University of Hawai'i at Mānoa), 19. April 2013, abgerufen am 8. August 2014 (englisch). *Alex Wissner-Gross: A new equation for intelligence.* In: *YouTube.* TED, 6. Februar 2014, abgerufen am 5. August 2014 (englisch). Mark A. Bedau: *Artificial life: organization, adaptation and complexity from the bottom up.* In: Department of Philosophy, ReedCollege, 3023 SE Woodstock Blvd., Portland OR 97202, USA (Hrsg.): *Trends in Cognitive Sciences.* Band 7, Nr. 11. Portland, OR, USA November 2003 (reed.edu [PDF; abgerufen am 12. März 2019]). Wolfgang Banzhaf, Barry McMullin: *Artificial Life.* In: Grzegorz Rozenberg, Thomas Bäck, Joost N. Kok (Hrsg.): *Handbook of Natural Computing.* Springer, 2012, ISBN 978-3-540-92909-3. *Künstliche Intelligenz revolutioniert die Astronomie.* science.ORF.at, 15. Dezember 2017, abgerufen am 12. März 2019.

https://de.wikipedia.org/wiki/Maersk-Edinburgh-Klasse#/media/Datei:Maersk_Elba.JPG.

https://de.wikipedia.org/wiki/Malé.

https://de.wikipedia.org/wiki/Meeresspiegelanstieg_seit_1850.
Siehe auch: J. Hansen, M. Sato, P. Hearty, R. Ruedy, M. Kelley, V.
Masson-Delmotte, G. Russell, G. Tselioudis, J. Cao, E. Rignot, I.
Velicogna, E. Kandiano, K. von Schuckmann, P. Kharecha, A. N.
Legrande, M. Bauer, K.-W. Lo: *Ice melt, sea level rise and
superstorms: evidence from paleoclimate data, climate modeling,
and modern observations that 2 °C global warming is highly
dangerous.* (PDF) In: *Atmospheric Chemistry and Physics
(Discussions).* 15, Nr. 14, 2015, S. 20059–20179.
Meeresspiegelanstieg: Maximal 2,38 Meter bis zum Jahr 2100. In:
Spiegel Online. 21. Mai 2019 (spiegel.de [abgerufen am 21. Mai
2019]). R.J. Nicholls und S.P. Leatherman (1994): *Global sea-
level rise,* in: K. Strzepek, J.B. Smith: As Climate Changes:
Potential Impacts and Implications, Cambridge Univ. Press.

https://de.wikipedia.org/wiki/Methan.

https://de.wikipedia.org/wiki/
Internationale_Organisation_für_erneuerbare_Energien.

https://de.wikipedia.org/wiki/Wasserelektrolyse#/media/
Datei:Hoffmannscher_Zersetzugs-app.svg.

https://de.wikipedia.org/wiki/Wasserstoffherstellung#Einsatz_von
_Wasserstoff; siehe auch: Grüner Wasserstoff als Klimaschützer:
Der Sauberstoff auf spiegel.de abgerufen am 2. Januar 2020. *MIT
claims 24/7 solar power,* vom 31. Juli 2008, abgerufen am 19.
Oktober 2011.

https://de.wikipedia.org/wiki/Wasserstoffherstellung#/media/

Datei:Photo_praxair_plant.hydrogen.infrastructure.jpg.

https://de.wikipedia.org/wiki/
Wasserstoffwirtschaft#Energetische_Nutzung _des_Wasserstoffs.
Siehe auch: *Brennstoffzellenheizgerät - Daten und Fakten.*
(Memento vom 28. Februar 2013 im *Internet Archive*) (Quelle:
Vaillant Group; PDF; 83 kB). Richard Herbrik: *Energie- und
Wärmetechnik.* 2. Auflage. B.G. Teubner Stuttgart 1993, Kap.4.1.
Funktionsprinzip von Brennstoffzellen (Quelle: Netzwerk
Brennstoffzelle und Wasserstoff NRW). Wissen Brennstoffzelle
(Quelle: Hydrogeit Verlag) *CleanEnergy WorldTour 2001: Finale
in Berlin.* BMW Group, 8. November 2001, abgerufen am
19. April 2019 (Pressemeldung). Markus Fasse: *Autohersteller:
BMW verliert Glauben an den Wasserstoffantrieb.* Handelsblatt,
7. Dezember 2009, abgerufen am 19. April 2019. *Großversuch in
Hamburg - Neuer Brennstoffzellen-Bus von Mercedes verbraucht
50 % weniger Wasserstoff.* (Memento vom 13. Dezember 2010 im
Internet Archive) In: *A. T. Z. Online.* 19. November 2009,
eingefügt 15. Februar 2012. GM CEO: electric cars require
teamwork; hydrogen cars 10x more expensive than Volt
(Memento vom 1. Januar 2010 im *Internet Archive*) 30. Oktober
2009 (Quelle: Washington Post) Michael Specht: *Brennstoffzellen
als Antrieb: Warum Toyota auf Wasserstoff umschwenkt.* In:
Spiegel Online. 19. November 2017 (spiegel.de [abgerufen am
19. November 2017]). J. Wilms: *Wasserstoff-Autos auf
Weltrekordfahrt.* In: *Die Zeit.* 26. April 2012. Mercedes B-Klasse
F-Cell auf Weltreise (Quelle: Heise Stand: 31. Januar 2011).
Zukunft des Schienenwesens : hydrail.org Development of the
World's First Fuel Cell Hybrid Railcar. (11. April 2006) East japan

Railway Company. Abgerufen 18. Juni 2013. *Minister Lies: Die Zu(g)kunft beginnt in Niedersachsen.* (Nicht mehr online verfügbar.) Archiviert vom Original am 10. November 2017; abgerufen am 10. November 2017. Andreas Wilkens: *Brennstoffzellen-Züge sollen Diesel-Loks in Niedersachsen ersetzen.* Heise online, 10. November 2017, abgerufen am 10. November 2017. Wasserstoff als Ozonkiller? (Quelle: Umweltdialog.de Mediengruppe macondo Stand: 30. September 2003). Wasserstoff ist keine Gefahr für die Ozonschicht (Quelle: Energie Agentur NRW Stand: 25. Februar 2010). Deutscher Wasserstoff- und Brennstoffzellen-Verband: *Wasserstoff - der neue Energieträger.* (Memento vom 31. Januar 2012 im *Internet Archive*) (PDF; 153 kB), Stand: 22. März 2004. Medienforum Deutscher Wasserstofftag, Axel Stepken:Wasserstoff – So sicher wie Benzin (PDF; 704 kB). (Seite nicht mehr abrufbar, Suche in Webarchiven: *Dr. Henry Portz, Brandexperten ermitteln rätselhafte Brandursache.*) ZDF Abenteuer Wissen vom 11. Juli 2007, eingefügt am 9. Februar 2012. *Spektakulärer Test zeigt: Wasserstoff im Auto muss nicht gefährlicher sein als Benzin.* (Memento vom 29. Mai 2012 im *Internet Archive*). *Sicherheitsaspekte bei der Verwendung von Wasserstoff.* (Memento vom 6. März 2012 im *Internet Archive*). *Unterwegs im Wasserstoff-7er,* in: heise online, 22. November 2006, abgerufen am 8. Februar 2012.

https://de.wikipedia.org/wiki/Wasserstoffwirtschaft#Geschichte.

https://de.wikipedia.org/wiki/Wasserstoffwirtschaft#Speicherung_und_Verteilung_von_Wasserstoff. Siehe auch: *Pipelinetechnologie.* (PDF; 1,2 MB).

In: *Biowasserstoffmagazin*. 18. Ausgabe, S. 33. Zumischung von Wasserstoff im Erdgasnetz (Quelle: Deutscher Verein des Gas und Wasserfaches Stand Oktober 2010; PDF; 180 kB). Erdgasleitungen als Speicher für Windenergie (Quelle: Heise Stand: 18. April 2011). Wasserstofftransport (Quelle: H2 Works). *Stuart Island Energy Initiative*. Abgerufen am 19. April 2019. Ökostrom als Erdgas speichern (Quelle: Fraunhofer-Institut, Stand: 26. April 2010). *Im Land soll eine Wasserstoff-Infrastruktur für eine zukunftsfähige Energienutzung und nachhaltige Mobilität aufgebaut werden.* (Memento vom 23. Januar 2011 im *Internet Archive*) (Quelle: Ministerium für Umwelt, Klima und Energiewirtschaft, Baden-Württemberg Stand 19. Januar 2011). *Deutschland auf dem Weg zur Wasserstoff-Wirtschaft.* (Memento vom 23. September 2015 im *Internet Archive*). *Wasserstoff - Der neue Energieträger.* (Memento vom 25. Oktober 2007 im *Internet Archive*) Deutscher Wasserstoff- und Brennstoffzellen- Verband e. V. Internet: dwv-info.de. Michael Bertram: *Industrie: Fraunhofer-Gesellschaft investiert in Leuna sechs Millionen Euro. In: Mitteldeutsche Zeitung.* 18. November 2015 (mz-web.de [abgerufen am 29. Januar 2018]). Transport von Wasserstoff (Quelle: TÜV Süd). *Wasserstoff als Energieträger.* (Memento vom 5. Februar 2009 im *Internet Archive*) (Quelle: Air Liquide). *Unterwegs im Wasserstoff-7er*, in: heise online, 22. November 2006, abgerufen am 8. Februar 2012.

https://h2.live/tankstellen.

https://meta.wikimedia.org/wiki/
File:RES030_Tokamak_und_Stellarator.ogg.

https://www.deutschlandfunk.de/umweltfreundliche-energie-deutschland-soll-vorreiter-bei.1939.de.html?drn:news_id=1139720.

Lawson, J. D.: *Some Criteria for a Power Producing Thermonuclear Reactor.* In: *Proceedings of the Physical Society. Section B.* 70, 1957, S. 6–10.

Lesch, Harald, Kamphausen, Klaus: Die Menschheit schafft sich ab. München/Grünwald, 4. Aufl. 2017.

Lexikon der Physik in 6 Bänden. Heidelberg 2000.

List, Friedrich: Wasserstoff Marsch! In: IT-Unternehmen aus der Region stellen sich vor. Eine Themenbeilage von Heise Medien, Hannover, 2/2020, S. 20-23.

Olzog, Kurt: Ausbau der Wasserstoffwirtschaft. Norderstedt 2020.

Olzog, Kurt: Bevölkerungsexplosion und Ressourcenverbrauch. Norderstedt 2019.

Olzog, Kurt: Der Mond – Rohstoffquelle und Weltraumbasis. Norderstedt 2017.

Olzog, Kurt: Energiewende im Klimawandel. Zweite erweiterte Auflage, Norderstedt 2017.

Olzog, Kurt: Gletscherschmelze und Meeresspiegel. Entwicklung und Zukunftsperspektiven. 2. Auflage, Norderstedt 2020.

Olzog, Kurt: Globalisierung der Politik. Geschichte und Zukunftsperspektiven. Norderstedt 2018.

Pinzler, Petra, Oertel, Friederike, Schmitt, Stefan: Das politische

Element. In: DIE ZEIT No 8 vom 13. Februar 2020, S. 39f.

Quaschning, Volker: *Regenerative Energiesysteme. Technologie – Berechnung – Simulation*. 9. aktualisierte Auflage. München 2015.

Scherer, Katja: Rein ins Rohr, in: DIE ZEIT Nr. 18, Hamburg 2015, S. 31.

Schmitt, Stefan: Ein Lichtblick für die ganze Welt. In: DIE ZEIT No 47 vom 12. November 2020, S. 39.

Schmitt, Stefan: Umweg nach vorn. In: DIE ZEIT No 10 vom 27. Februar 2020, S. 34.

Specht, Michael: Zukunft Wasserstoff. In: Auto & Leben. Das Toyota Magazin. Heft 02/2020. Köln 2020.

Taylor, G. Jeffrey: Ursprung und Entwicklung des Mondes. In: Spektrum der Wissenschaft, September 1994, S. 59-61.

Wasserstoff als Ozonkiller? (Quelle: Umweltdialog.de Mediengruppe macondo Stand: 30. September 2003). Wasserstoff ist keine Gefahr für die Ozonschicht (Quelle: Energie Agentur NRW Stand: 25. Februar 2010).

Winkelmann, Marc: Aus eigener Kraft. In: seventeen goals. Wie Menschen die Welt bewegen. Eine Sonderbeilage von Projekt 17 in Kooperation mit dem Zeitverlag. Nr. 03, Berlin und Hamburg, Herbst 2020, S. 20ff. Siehe auch: www.energy-observer.prg, mit Abbildung.